现代企业战略管理研究

庞 婷 靳江燕 朱晶晶 著

中国商务出版社
CHINA COMMERCE AND TRADE PRESS

图书在版编目（CIP）数据

现代企业战略管理研究 / 庞婷，靳江燕，朱晶晶著
. — 北京：中国商务出版社，2023.1

ISBN 978-7-5103-4598-2

Ⅰ. ①现… Ⅱ. ①庞… ②靳… ③朱… Ⅲ. ①企业战略－战略管理－研究 Ⅳ. ①F272.1

中国版本图书馆CIP数据核字(2022)第245424号

现代企业战略管理研究

XIANDAI QIYE ZHANLUE GUANLI YANJIU

庞婷 靳江燕 朱晶晶 著

出　　版：	中国商务出版社
地　　址：	北京市东城区安外东后巷28号　　邮　编：100710
责任部门：	发展事业部（010-64218072）
责任编辑：	周青
直销客服：	010-64515210
总 发 行：	中国商务出版社发行部（010-64208388　64515150　）
网购零售：	中国商务出版社淘宝店（010-64286917）
网　　址：	http://www.cctpress.com
网　　店：	https://shop595663922.taobao.com
邮　　箱：	295402859@qq.com
排　　版：	北京宏进时代出版策划有限公司
印　　刷：	廊坊市广阳区九洲印刷厂
开　　本：	787毫米×1092毫米　1/16
印　　张：	10.25　　　　　　　　　　　字　数：218千字
版　　次：	2023年2月第1版　　　　　　　印　次：2023年2月第1次印刷
书　　号：	ISBN 978-7-5103-4598-2
定　　价：	63.00元

凡所购本版图书如有印装质量问题，请与本社印制部联系（电话：010-64248236）

版权所有盗版必究（盗版侵权举报可发邮件到本社邮箱：cctp@cctpress.com）

前　言

企业战略管理是一门综合性、应用性极强的学科，它强调对学习者战略管理思维能力与相关技能的综合训练与培养。因此，这门学科要求学习者首先具备诸如经济学、管理学、会计学、市场营销学等知识，其次要求学习者应该掌握战略管理的基本原理与方法。

企业战略管理是企业面向发展、考虑未来，为寻求和维持持久竞争优势而做出的有关全局的策划和谋略。企业如果没有战略管理，必将消失；企业如果忽略战略管理，必将发展滞后。战略管理从企业全局出发，综合运用职能管理功能，处理涉及企业整体和全面的管理问题，使企业的管理工作达到整体最优。认识并重视企业战略管理的地位和作用，将有助于及时发现和解决那些有关企业生死存亡、前途命运的重大战略问题，有助于用战略眼光将企业经营活动的事业放在全方位的未来发展和广阔的市场竞争中，以获得更大、更快、更好的发展。

本书在对现代企业战略管理进行概括性论述的基础上，首先讲述概述了企业管理概述、企业战略管理理论，其次深入分析了企业使命与战略目标、企业战略选择及企业竞争战略的选择，最后重点对企业营销战略、企业CI战略、企业财务战略、企业人力资源战略、企业国际化经营战略、企业战略变革、企业战略与企业文化等方面进行了全方位剖析。

本书力求严谨、新颖，特色突出；在写作过程中，作者参阅并引用了国内外专家学者有关企业战略管理方面的资料与前沿科研成果，在此一并表示感谢。由于作者水平有限，书中难免存在疏漏与不足，恳请读者批评指正。

目 录

第一章 企业管理概述 1
    第一节 现代企业制度 1
    第二节 企业制度的演进 5
    第三节 现代企业的产权制度改革 11
    第四节 现代企业经营管理活动 16
    第五节 企业管理的概念及基本职能 20

第二章 企业战略管理理论 35
    第一节 企业战略管理概述 35
    第二节 企业战略环境分析 44
    第三节 企业战略类型与选择 56
    第四节 企业战略的实施与控制 66

第三章 企业使命与战略目标 72
    第一节 企业愿景 72
    第二节 企业使命 78
    第三节 企业战略目标 87

第四章 企业战略选择 95
    第一节 企业战略选择概述 95
    第二节 发展型战略 101
    第三节 稳定型战略 109
    第四节 紧缩型战略 113

第五章 企业竞争战略的选择 119
    第一节 基本竞争战略 119
    第二节 不同行业环境中的竞争战略 133

第三节　不同竞争地位的竞争战略 146

参考文献.. 155

第一章 企业管理概述

第一节 现代企业制度

一、现代企业制度的概念

对于现代企业制度的概念，目前理论界还没有统一的看法，笔者认为，应当从以下两个方面来理解现代企业制度的概念。

（一）现代企业制度是针对传统国有企业制度提出来的

我国传统的国有企业制度是为适应高度集中的计划经济而建立起来的。这种传统的企业制度大体上经历了三个发展阶段，即供给制阶段、经济核算制阶段和经济责任制阶段。在不同的阶段，企业的经营权限、国家对企业的管理虽然也有很大不同，但它们都是适应计划经济的，是在计划经济体制基本框架内经营方式和管理方式的一些变化，这种企业制度存在着一些先天性的弊病：①企业的产权关系模糊化。企业的资产和所有者的其他资产没有严格的界限，所有者缺位，即所有者的权益不能得到正确实现。②产权封闭化。企业按照所有制性质分类、管理，不同所有制企业的产权严格分开，不能混合、流动。③企业行政机构化。企业不是真正的企业，而是政府行政机构的附属物。与企业行政机构化相对应的是企业决策集中化，企业的各项生产活动安排都听从政府安排。④组织形式非法人化。企业没有可供独立使用和支配的财产，就其法律地位而言，其不具备真正的法人资格。⑤职工就业凝固化。企业招收职工由政府机关采用指令性计划分配，企业和职工都缺乏选择的自由，并且流动十分困难。⑥分配平均化。企业利润全部上缴，亏损时由政府补贴，企业吃国家的"大锅饭"。⑦外部管理非法制化。将政府职能和所有者的职能相混淆，政府对企业采用直接的行政性手段进行管理，部门领导多、职责不清。这些弊病不能适应新形势的要求，尤其不能适应社会主义市场经济的要求。实行改革开放政策以来，国家很重视企业改革，虽然取得了很大成绩，但是从整体来看，企业改革还没有取得实质性的进展，特别是一些大型企业和特大型企业还缺乏活力，经济效益不高。事实证明，如果不解决产权问题和不建立现代企业制度，使企业成为完全独立的商品生产者，企业的经营机制就很难发生根本性转变。所以，必须用现代企业管理制度代替高度集中的计划经济体制下形成的传统的国有企业制度。

（二）现代企业制度是针对早期的企业制度提出来的

从产权关系和法律形态来考察，企业制度经历了独资企业、合伙企业和公司企业的发展过程。

历史上最早出现的是独资企业，又称单一业主企业、个人业主企业或个体企业。这种企业由业主个人出资兴办、直接经营，业主享有企业的全部经营所得，同时对企业债务负无限责任，出现资不抵债时，业主要用自己的全部财产来抵偿。独资企业的局限性是规模小、筹资较困难、业主负无限责任、风险大，且企业生存时间有限。这些缺点使独资企业逐渐发展到合伙企业。

合伙企业是由两个或两个以上的投资者共同出资兴办的企业。这种企业一般通过合同约定投资者的收益分配方式和亏损责任，其优点是扩大了资金来源和信用能力，能够分散经营风险。合伙企业的缺点是合伙人必须以其全部财产对企业的债务承担无限责任，经营风险较大；合伙人都有较大的决策权，遇到一些有争议的问题，很难及时做出决策；企业的寿命有限，任何一个合伙人死亡或退出，都可能威胁到企业的生存。

继合伙企业之后出现了公司企业。公司是指全部资本由股东出资构成，以营利为目的而依法设立的一种企业组织形式。由于投资者承担的责任不同，公司在法律形态上又可以划分为无限责任公司、有限责任公司、股份有限公司、两合公司和股份两合公司等五种形式。必须指出的是，大陆法系和英美法系的划分是不同的，区别之一是大陆法系承认无限责任公司、两合公司和股份两合公司是法人企业，英美法系则把这三种形式看作与合伙企业相同，不承认其具有法人地位。所以，按照英美法系划分原则，公司只存在负有限责任的公司形式。在这些公司中，有些公司的资本既不被分为等额股份，股票也不上市交易，其被称为私公司或者封闭公司；有些公司的资本被分为等额股份，其被称为有限责任公司，其中，股票上市交易的公司被称为股份有限公司。

在西方市场经济的国家里，虽然独资企业、合伙企业和公司企业这三种企业形式同时并存，并且从企业数量来看，前两种企业占较大比例，但是规模较小。从拥有的资产、产出和雇佣的职工等指标来看，公司企业占主导地位。以美国为例，美国约有1000万家企业，其中，独资企业约为700万家，合伙企业约为100万家，公司企业中的股份有限公司约为200万家，但是股份有限公司资产、产出和雇佣的职工约占全国企业的80%。制造、交通、公用事业、金融等产业的企业都采用有限股份公司的形式；

在贸易、建筑等行业中，大约一半的企业采用股份有限公司的形式；股份有限公司只在农业和某些特殊的服务业，如医药、会计等行业不占主要地位。可见，公司企业在西方国家的经济中起着十分重要的作用。

从上面的分析可以得出这样的结论：现代企业制度是随着商品经济的发展而产生的，是适合现代商品经济要求的一种企业制度，其主体形式是股份有限公司。

二、现代企业的基本特征

（一）以现代科学技术为基础

在现代企业里，生产经营活动的进行是以现代科学技术为基础的。现代企业一般都拥有各种先进的技术装备和大量文化技术水平高、操作技术熟练的科技人员和生产工人，并广泛运用先进的工艺和新材料。尤其是近些年来，由于电子计算机和其他高科技的出现和广泛应用，一些企业的技术基础发生了革命性变化，企业对现代科学技术的依赖性也愈加强烈。

（二）采用现代企业制度

企业制度是企业内在的产权制度与外在的组织形式的统一。随着社会生产力的发展，企业制度也经历了由单一化到多元化的发展，出现了从原始企业制度到个人业主制企业，以合伙制企业到现代企业制度再到公司制度的变化，公司制度特别是股份公司制度是当今西方现代企业普遍采用的一种基本企业制度。

（三）实行现代企业管理

企业管理是社会生产力发展的产物，反过来又促进生产力的发展。随着资本主义工厂制度的出现，企业管理经历了由传统管理到科学管理，再到现代管理的发展过程。实行现代企业管理，是企业以现代科学技术为基础进行生产经营活动的客观需要，是科学技术转变为现实先进生产力的要求。当今现代企业的管理，大都是在现代企业管理理论指导下进行的，由一些有学识、有经验的管理专家掌握企业经营管理权，实行的是现代企业领导体制，广泛采用现代企业管理技术、管理方法和手段，建立起现代企业管理组织和各种管理制度。

（四）具有现代企业文化

人是企业发展之本。在现代企业中的人，既是追求一定物质利益的"经济人"，又是处于一定社会关系中的"社会人"，还是由一定理想、价值与信念等精神因素支配的"文化人"。而在现代市场经济条件下，企业要生存和发展，不仅有赖于现代先进的科学技术和管理，更重要的还在于全体员工劳动热情的充分发挥，在于与之相适应的包括理想、信念、规范等在内的企业文化的创立。在市场经济的长期发展过程中，现代企业逐步把自己的价值观、规范、制度积淀下来，形成了优秀的现代企业文化，即现代企业价值观。其基本内容包括：

（1）追求最大的利润。

（2）把利益还给股东。

（3）把利益还给职工。

（4）为社会做贡献，对社会负责任。

（5）提倡职工的敬业精神和团队精神。

（6）创立良好的企业形象。

三、建立现代企业制度的必要性

（一）建立现代企业制度是社会主义市场经济的客观要求

企业体制是整个经济体制的一个重要组成部分和中心环节，它必须和整个经济体制相适应。改革开放前，我国实行的高度集中的计划经济体制，决定了企业只能采用缺乏自主权的传统国有企业制度。随着改革开放的深入和发展，我国经济体制改革的目标变为建立社会主义市场经济体制。这种市场经济是一种现代商品经济，它要求有现代企业制度、健全的市场体系和完善的宏观管理系统。这三者是相互联系、相互制约的。没有健全的市场体系，没有适应市场经济的宏观调控，不可能有真正的企业。同样，没有真正的企业，市场体系也难以形成，间接的宏观调控也难以实现。所以，独立的企业是社会主义市场经济的微观基础。要使企业成为独立的商品生产者和经营者，实现自主经营、自我发展、自我约束、自负盈亏，那么在企业改革上就必须转变观念、转变思路、转变战略，由扩权让利转变为转换企业经营机制；由单纯实行所有权和经营权的分离转变为重组企业的产权关系；由推行承包制度转变为创新企业制度。概括起来说，就是要建立现代企业制度，重新构造适应社会主义市场经济的微观基础。

（二）建立现代企业制度是企业改革实践深入发展的要求

我国城市经济体制改革是从扩大企业自主权开始的，到现在大体上经历了扩大企业自主权、建立经济责任制、实行利改税和转变企业经营机制等四个阶段。在改革的前三个阶段，城市经济体制改革基本上走的是扩权让利、以利益刺激为主的道路。当然，这绝不是说不需要调整国家、企业和职工的利益关系。在高度集中的计划经济体制下，国家在财政上实行统收统支的政策，企业没有自身独立的经济利益，经营好坏一个样，这挫伤了企业和职工的积极性。不调整三者的利益关系，企业就不能产生内在的经济动力,搞不好经营管理,没有经济效益,职工也缺乏长久的积极性和创造性。但问题是调整利益关系必须以机制的转换为根本前提,离开机制的转换去单纯调整利益关系,就给企业留下了"利益谈判"的空间。企业获得利益不是完全依靠自身的经营努力,而在很大程度上要靠与政府"讨价还价"的谈判来实现。另外,由于企业没有形成自我约束机制,当外部约束减弱之后,企业不合理行为就泛滥起来,如盲目投资,滥发奖金、财物等。

第二节 企业制度的演进

企业制度本身有一个形成与发展的过程,企业的组织形态经历了由独资企业(即单一业主企业)到合伙企业再到公司企业的过程,而公司企业的发展史是企业组织发展史或企业制度史中的重要内容。要研究现代企业制度,探讨如何建立具有中国特色的现代企业制度,就有必要了解公司制度的发展过程。在这一节中将着重阐述企业制度(主要是西方公司制度)的演进及企业形态。

一、企业制度的演进过程

企业形态或企业组织形式的发展、变化与生产力的发展、商品经济及市场经济的发展密切相关。这有两层含义:①在各个历史时期占主导地位的企业组织形式随着生产力和商品经济的发展而有相应的变化;②某一种企业组织形式本身随生产力和商品经济的发展而变化、发展。

尽管在现代市场经济体制下,企业的各种形态或企业的各种组织形式是同时并存的,如独资企业、合伙企业和公司企业同时并存于现代市场经济体制下的各个国家之中,但从企业形态或企业的组织发展过程看,还是有一个从独资企业到合伙企业再到公司企业的演变过程。在此,笔者着重介绍公司企业的发展。

(一)公司企业产生的背景

公司制度虽然是在资本主义制度发展到成熟阶段才得以广泛发展的,然而,不能说公司制度是资本主义特有的产物或经济现象。资本主义经济只是公司制度所经历的一种社会形态。一般认为,股份制及其组织形态,起源于中世纪的欧洲。但是,实际上可以追溯到更远的时代。从一些文献来看,早在罗马帝国时期,就存在着公司或类似于公司的组织。在罗马,第一个类似于公司的组织以股份有限公司的形式出现,它向公众出售股票,以便履行为支持战争而签订的政府合同。当时不可能存在大规模的组织，因为政府只允许股份有限公司履行政府的合同，并不得从事其他任何活动。那时的船夫行会就是类似于公司的组织，当时，粮食贸易是一种巨大而有厚利可图的事业，它由政府一手控制。所有运粮船都只由那些与政府签订合同的公司管理。古罗马的包税人的股份委托公司，被经济史专家认为是股份公司的前身。

（二）公司制度的起源

公司制度的起源首先是和贸易的兴旺、分散风险的要求联系在一起的。

（1）从当时大陆方面的情况看，在中世纪的欧洲，地中海沿岸各城市海商繁荣，都市兴旺，商业较为发达，商人们一般都要把自己所经营的商号传给自己的亲属、子女。亲属、子女在得到祖传产业后要分家产，但又不愿意歇业，于是便共同继承、共同经营先辈所经营的商号，共享盈利、共负亏损，从而形成了所谓的家族营业团体或家族企业。家族企业曾盛行于法国，这是后来的无限公司、有限公司的前身。

（2）从海上贸易的情况看，中世纪海上贸易兴旺，由于海洋浩瀚、交通不便，从事海洋贸易，既需要巨额的资本，又要冒很大风险。例如，可能遇到风浪的袭击和海盗的骚扰、抢劫，于是船舶共有便应运而生。当时的这种公司实际上是一种合伙公司或合营公司，入股者之间的关系是一种合伙关系。

（三）原始公司制度

从罗马帝国时期到 15 世纪末的漫长时期，虽然公司在组织、数量、规模、经营上都逐步向着近代公司和现代意义的公司发展，并为近代公司和现代意义上的公司的出现做好了经济、组织上的准备。但是在这个过程中，公司的发展仍处于一种幼稚、原始的状态。因此，可以把这一时期的公司称为原始公司，把这一时期的公司制度相应地称为原始公司制度。公司制度发展的原始性特点主要表现在以下几个方面。

1. 没有明确的公司法律规范

依法成立是公司的一个重要特征，而原始公司在合伙内容、经营方式、分配办法等方面都没有明确的法律规范。

2. 组织上的合伙性

原始公司无论是罗马帝国时期的类似于公司的组织，还是中世纪索塞特（与海洋贸易相关的合伙型股份形式）、船舶共有和家族企业，都具有明显的合伙性，而合伙企业是企业组织形式发展中的一种，它与现代意义上的股份公司相距甚远。

3. 与合伙性相联系的投资短期性

原始公司往往是为了一次交易或几次交易，或为了每次航海筹集资金，才实行合伙经营，当这种交易、航海活动等完成后，参与者往往就收回股本和利润。

4. 组织的不稳定性

这一特点与原始公司的合伙性也是紧密相连的，合伙性决定了原始公司的发展很容易夭折，不能延续很久。

5. 规模的局限性

具有合伙性的原始公司，虽然能够比独资企业筹集到更多的资本，使得企业规模有可能比独资企业大，但它能够筹集到的资本有限，所以原始公司在企业规模上具有较大的局限性。

6. 责任的无限性

尽管有些原始公司中的某些股东负有限责任，但并未成为主流，责任的无限性仍是原始公司的一个重要特点。

7. 形式的多样化

虽然合伙企业是原始公司的主要组织形式，但是从具体形式来看，却有例如船舶共有、索塞特、家族企业等多种形式。然而，原始公司的形式多样化与现代意义上的公司形式多样化含义不同。

8. 数量的有限性

从已有的资料看，原始公司在数量上很有限，它在当时并未成为大量的、普遍的、占主导地位的经济组织形式。

（四）近代公司制度

从15世纪末到19世纪末，是一个由原始公司向现代公司过渡的时期，也是由原始公司制度向现代公司制度过渡的时期。这一时期公司制度发展的主要特点如下。

1. 出现了法律规范

在英国詹姆士一世统治时期，首次确认了公司作为独立法人的观点。1673年，法国颁布了《商事条例》，首次以法律的形式确认家族营业团体为公司制度。1826年，英国颁布条例，给股份银行一般法律认可。1855年，英国认可了公司的有限责任制性质。1862年，英国颁布了股份公司法。1870年，《法国商法典》开始有公司的规定。到1875年，美国大多数州都为公司的发展制定了法律。上述事实是公司制度逐步走向成熟的重要标志。

2. 迎合殖民扩张的需要

殖民扩张是进行资本原始积累的组织方式之一。新航线和新大陆发现后，16世纪的国际贸易逐步从地中海转到大西洋，英格兰成为重要的贸易中心。代表商业资产阶级利益的重商主义出现后，西欧国家的资产阶级在争夺政治权力、经济权力的过程中，采取了一系列重商主义政策和对外殖民扩张的政策。在这样的背景下，出于殖民扩张、对外贸易、资本原始积累的目的，英国、荷兰、法国、丹麦、葡萄牙等国出现了一批由政府特许建立的、具有在国外某些地区进行贸易垄断特权的贸易公司。

3. 组织形式从以股份集资经营为主逐步向现代公司过渡

当时，上述的这些特许公司可以分成两大类，一类可以称为合组公司，另一类是合股公司。没有共同资本，凡是有相对资格的人，都可缴纳若干入伙金，加入组织，但各自的资本由各自管理，贸易危险亦由各自负担，对于公司的义务，不过是遵守其规约罢了，这种公司称为合组公司。以共同资本进行贸易，各股员对于贸易上的一般利润或损失，都按其股份比例分摊，这种公司称为合股公司。这些合组公司或合股公司，有时拥有专营的特权，有时又不拥有这种特权。相比之下，对于大规模的海外贸易来说，作为现代公司先驱的合股组织要比合组公司这一类企业组织更优越。合股公司在得到政府的特许后，可以通过出售股票向个人投资者募集资本。与合组公司相比，合股公司有三个明显的优点：①可以募集更多的资本用于支付海外贸易所需的船舶及货物的开支。②可以使所有权和经营权分开，使人们投资商业而不必参加管理。③在船舶、货物经常遭受损失的情况下，合股公司显然能够分散风险。继合股公司后，出现了商人集股共同经营的特许股份公司。

二、公司企业的类型

根据不同法律体系，公司企业具有不同的形式。按大陆法系，公司一般可以分为股份有限公司、有限责任公司、无限责任公司、两合公司和股份两合公司等五种具体形式。下面将简单介绍这五种公司的基本特点及优缺点。

（一）股份有限公司

股份有限公司是指由法定的2~200人出资设立，全部资本划分为等额的股份，其股票一般可以在社会上公开发行并转让的公司企业。

股份有限公司的基本特点是等额的股份、有限的责任、股份自由转让和财务公开。股份有限公司的全部资本要划分为等额的股份。在各国的公司法中，对股份有限公司的资本一般没有最高资本的限制，但一般要对最低资本做出限制。在股份有限公司中，股东对公司的债务仅就自己的出资额承担有限责任。股份有限公司的股票一般要上市公开交易，可以自由转让，但股东一旦投资入股，就不能从公司中抽回股本。财务公开则是股份有限公司的一个共同特点，股份有限公司的财务必须向全体股东、政府有关部门、潜在的投资者、债权人及其他公众公开，对于这一点各国的公司法都有着十分严格的规定。此外，各国的公司法对于股份有限公司的最低人数也有规定，但各国的规定不尽相同。

股份有限公司是一种最典型的股份制企业。这种公司组织形式的缺点是：设立程序较为复杂，设立成本较高；财务必须向公众公开，保密性差；公司股票的自由转让及股票价格的涨落，助长了一部分人的投机心理。

股份有限公司的优点有以下几个方面。

1. 有利于吸收资金

股份有限公司可以通过发行各种形式的股票以及小面额股票募集资金，吸引投资者，这使得股份有限公司的资本来源广泛，能够将闲散的小资本结合成大资本，甚至结合成巨大的资本，从而可以从事大规模的事业。

2. 股票可以自由转让

股份有限公司的股东一旦投资入股，就不能抽回股金，这会导致股东有时需要收回现金或转移投资与公司股金不能抽回的矛盾，但股票的转让正好解决了这一矛盾。

3. 采取有限责任制

在公司发生破产时，公司的股东就自己的出资额对公司的债务承担有限的责任，股东不必用自己的其他资产来为公司承担债务。公司的债权人也不能要求股东用其除投入公司的出资以外的资产来承担公司的债务。

4. 有利于降低投资风险

股份有限公司的股东仅对公司的债务承担有限责任。股份有限公司的股份一般都比较分散，这有利于股东分散风险。

5. 有利于提高企业的经营管理水平

股份有限公司是一种典型的合资公司，公司的所有权与经营权相分离，公司可以由受过专门训练、经验丰富的专门人员进行管理与经营，从而有利于提高企业的经营管理水平。

6. 有利于社会公众监督其经营行为

股份有限公司的财务必须公开，因为这有利于规范股份有限公司的经营行为，有利于包括股东在内的社会公众对其监督，有利于保护股东、债权人和其他相关人士的合法权益。

（二）有限责任公司

有限责任公司，是指由2个以上、50个以下的出资者共同出资组成，股东仅就自己的出资额对公司的债务承担有限责任的公司。有限责任公司是一种较为普遍的公司组织形式。

有限责任公司与股份有限公司相比的特点是：股份按比例划分，有限责任，股份不能自由转让，财务不公开。两者最主要的区别在于前者全部资本不划分为等额的股份，而后者的全部资本要划分为等额的股份；前者不发行股票，其股权证也不能上市公开交易,而后者的股票则可以公开上市交易;前者的规模一般都比较小,在许多国家,这种公司多为亲朋好友和熟人所组成的中小企业,每个股东原则上都有一票的表决权,而股份有限公司则规模都比较大,股东是每股一票。由于有限责任公司并无股票上市,不公开发行股票,所以在英国将其称为"私公司"或"不上市公司"。有限责任公司具有严格的最低与最高股东人数限制,其设立程序较为简单。

有限责任公司的缺点是:具有不公开性,为非上市公司,股东人数少,股东一般都是亲朋好友,人情因素浓厚。因此,有限责任公司的筹资规模有限,股权的转让较为困难。

有限责任公司的主要优点是:其设立程序较为简单,股东承担有限责任,风险较小,有利于中小企业发展。

(三)无限责任公司

无限责任公司也称为无限公司,是指由若干人(一般为2人以上)对公司的债务承担连带无限责任的股东所组成的公司企业。

对于无限责任公司,英美法系国家的公司法要求公司企业不得存在无限责任股东,不承认无限责任公司为法人企业,而将其归为普通合伙的一种契约关系;在法、日、德等大陆法系国家,则一般都承认无限责任公司为法人企业。

无限责任公司是典型的人合公司,公司的信用主要是基于股东个人的信用,而非公司的资本。无限责任公司的股东必须是自然人。公司的股东都有权管理公司的事务,除非在公司章程中另有规定。无限责任公司的股东不能随意转让股份,除非已征得全体股东的同意,由于无限责任公司的股东对于公司的债务要承担连带无限责任,股东的个人风险较大,所以这种公司对外容易取得较高信誉,对于债权人较有保障。无限责任公司的数量和股东人数都相对较少,在许多国家已不占有重要地位。

(四)两合公司

两合公司,是指既有有限责任股东,又有无限责任股东,有限责任股东对于公司的债务仅就自己对公司的出资额承担有限责任,无限责任股东则要对公司的债务承担连带无限责任的法人企业。两合公司要由一个以上的无限责任股东和一个以上的有限责任股东所组成。

两合公司是一种介于有限责任公司和无限责任公司之间的公司组织形式,公司的资本不划分为等额股份。大陆法系国家一般都承认两合公司是法人企业,而英美法系国家则不承认两合公司为法人企业。由于两合公司中的无限责任股东对于公司的债务要承担连带无限责任,所以有利于保护债权人的利益,容易对外取得信任。两合公司中的无限责任股东在公司中承担的风险大,而有限责任股东在公司中承担的风险要比无限责任股东小得多,所以,前者在公司中享有管理公司权利,对外代表公司并执行公司业务;后者则不享有管理公司业务的权利,也不能对外代表公司和执行公司业务。

两合公司是为适应下列的情况而出现的:有的投资者有资金,但不愿意冒太大的风险,或没有经营管理的才能,或不愿意自己去直接从事经营活动;而有的投资者虽然没有资金,或资金实力不足,但具有经营管理的才能,愿意承担企业的经营业务,或有的投资者有资本实力,也想自己从事经营活动。潜在的投资者若准备投资,而且愿意具体从事企业的经营活动,也愿意冒大的风险,就可以作为两合公司中的无限责任股东。公司潜在的投资者若准备投资,但不愿意具体从事企业的经营活动,也不愿意冒太大的风险,就可以作为两合公司中的有限责任股东。两合公司中无限责任股东的死亡,通常会导致两合公司的终止或退股。有限责任股东的死亡等则不会导致公司的终止或退股,因为其股份可以由其继承人继承。

(五)股份两合公司

股份两合公司是由一人以上的无限责任股东和一定人数或一定人数以上的有限责任股东出资组成的法人企业。股份两合公司与两合公司的主要区别在于:前者的有限责任部分的资本要划分为等额的股份,可通过公开发行股票来募集资本;后者的有限责任部分的资本则不划分为等额的股份,也不能通过公开发行股票来募集资本。

在股份两合公司中,与两合公司的情况相类似,有限责任股东仅就自己的出资额对公司的债务承担有限责任,无限责任股东则对公司的债务承担连带无限责任。无限责任股东在公司中占有重要的地位,对外代表公司并执行业务,而有限责任股东则不能对外代表公司和执行业务。公司中的监察人对公司的事务实行监督,监察人由股东会选举产生,但不能由无限责任股东担任。公司监察人的决定对公司的有限责任股东具有约束力。股份两合公司中的有限责任股东只有在征得半数以上的无限责任股东同意的情况下才能转让自己的股份。两合公司所具有的其他优点,股份两合公司同样具备。

第三节 现代企业的产权制度改革

在企业中,尤其是在国有企业中推行现代企业制度,是为了探索市场经济与公有制有机结合的问题,探索市场经济体制下公有制的有效微观实现形式。进行企业产权制度的改革,是在企业建立现代企业制度的过程中一个迫切需要解决的问题。本节将讨论现代企业制度条件下企业产权制度的基本特点;介绍市场经济条件下各类企业的产权制度,尤其是公司企业的产权制度的基本特点,并探讨国有企业产权制度改革的方向和原则。

一、现代企业产权制度的基本特征

现代企业是随着商品经济的发展而逐步形成的，具有以下基本的特点。

（一）产权明晰，具有明确的人格化代表

在现代企业制度下，产权明晰，具有明确的人格化代表，是现代企业产权制度一个最为突出的特点。我国在进行经济体制改革以前的企业，按企业的所有制性质划分为所谓的全民所有制企业、集体所有制企业；随着经济体制改革进行，所有制形式越来越多样化，所有制结构发生了很大的变化，但仍然主要按所有制划分企业的类型。当各种形式的股份制企业出现以后，一方面按原来的规定仍试图要分清股份制企业的所有制性质；另一方面，股份制企业属何种所有制性质在上级文件中又无规定。这个问题曾一度困扰过股份制企业及所谓的股份合作制企业的注册。后来为了能在股份制企业营业执照上的"企业所有制性质"一栏可以标明其所有制性质，便将股份制企业的所有制性质规定为"股份所有制"。

（二）企业是市场的主体，企业的领导者是企业家

企业的领导者按照市场的规律办事，遵循的应是经济规律，而不是下级行政组织服从上级行政组织的原则。政府管理企业，一是通过法制化的渠道，如企业法、经济法、合同法等各项法律法规；二是通过宏观经济调控手段，如宏观经济政策、税收、银行利率等，政府一般不能直接干预企业的日常生产经营管理事务。企业的领导者，如董事长、总经理、厂长等，所代表的应是企业出资者（所有者）的利益，作为企业家应以合法地经营管理企业、为所有者创造最大的利润为目标。

（三）企业的产权具有开放性

在现代企业制度中，企业按出资方式和债务责任划分为独资企业、合伙企业和公司企业。公司企业又可按出资方式和债务责任进一步划分为股份有限公司、有限责任公司、无限责任公司、两合公司和股份两合公司等。股份制企业实际上就是公司企业的统称。公司企业可以由多种所有制、多个所有者共同投资组成，其产权具有开放性的特点，可以自由组合、自由流动。这样各种产权就能在企业这一微观层次上结合起来，形成一种产权方面的"横向联合体"，这也符合市场经济发展的要求。

（四）所有权与控制权相对分离

作为一个股东只拥有其所投资本对应的股权，他不能单独地干涉企业的日常生产经营活动。企业的日常生产经营由各方面的专家控制，并为企业的所有者实施对企业

的管理。因此，管理在现代企业中成为一种专门的职业。

公司企业为所有权和经营权在形式上的分离提供了可行的组织基础。一般情况下，股东对自己的股份只能转让，不能收回。公司作为法人，对其所经营的财产具有法人财产权。股东只能作为一个整体，抽象地、间接地支配着公司的财产。

从上述意义而言，在现代公司制度下，公司企业的所有权与经营权（更准确地说应是控制权）是分离的。然而在公司中，股东大会作为公司全体股东行使其股东权的最高权力机构，公司的董事会作为股东大会的常设机构和代表全体股东进行决策的机构，都是公司内部的有机组成部分。从这一意义上说，在公司企业中，所有权和经营权（或控制权）又是在公司内部统一的。现代公司企业的治理结构能够解决传统国有企业制度下政府对国有企业过度干预，又无人真正关心和负责的矛盾。所以，公司作为法人对法人财产权的行使，对股东与企业的关系而言，是以企业的所有权与控制权在企业内部实际上统一为前提的。

（五）产权权益有明确的保障

由于现代企业制度下的企业产权十分明晰，具有明确的人格化代表，再加上其他方面一些因素的作用，如科学的分配制度与其他管理制度，股东法定的权利及产权权益一般能够得到有力的保障。

（六）治理结构决策权、监督权与执行权相互分立、相互制约、相互合作

公司企业的治理结构，一般是指公司的领导制度。现代公司制度的形成、发展与完善，是一种企业制度的革命性变化。公司企业治理结构的基本框架是由各国的公司法或相关的法律所规定的。一般说来，公司的治理结构包括三大部分：所有者、董事会和执行管理部门。

公司的治理结构从管理方面反映着股东与公司、公司与职工的关系，也从组织上反映了所有权与经营权的关系。如果把公司的管理权或领导权分为决策权、监督权和执行权，那么，战略决策权由董事会控制，日常具体决策权由公司管理层控制，监督权主要掌握在董事会手中。董事会根据战略目标和业务指标，对公司实绩进行近距离定期监督，即日常监督或常务监督，股东大会则对公司实绩进行远距离监督；执行权（经营权）由公司管理层掌握，公司管理层根据既定的目标管理公司。

二、我国国有企业改革的历史回顾

回顾1978年以来我国国有企业的改革，其大体经历了两个阶段。

第一阶段，从1978年党的十一届三中全会到1992年，是以放权让利为主要内容

的政策调整阶段。针对我国经济管理体制上权力过于集中和政企不分的弊端，明确提出了要下放权力，让企业有更多的经营自主权，解决政企不分、以政代企的问题。1984年党的十二届三中全会通过的《中共中央关于经济体制改革的决定》，提出了社会主义有计划商品经济的体制模式，并把增强企业活力作为经济体制改革的中心环节，提出要使企业真正成为相对独立的经济实体，成为自主经营、自负盈亏的社会主义商品生产者和经营者，使其具有自我改造和自我发展的能力，成为具有一定权利和义务的"法人"。这一阶段的企业改革，正是根据以上要求，进行以放权让利为主要内容的政策调整性改革。其中又可以细分为以下阶段。

（1）从1978年党的十一届三中全会到1984年党的十二届三中全会，这一时期主要是从调整国家和企业之间的经营权和利益分配关系入手，扩大企业经营自主权，推行生产责任制，实行多种形式的利润留成和盈亏包干等。

（2）从1984年到1986年底，主要是通过以利改税的改革进一步确定国家和企业之间的分配关系。

（3）从1987年到1991年9月，国有企业普遍推行了承包经营责任制，以承包合同契约方式进一步改革经营方式，扩大企业经营自主权，减少政府对企业的干预，界定国家与企业之间的利益分配关系。

在第一阶段，国有企业结合放权让利的改革，还进行了企业领导体制、劳动、人事分配三项制度等一系列改革，推行了现代化管理等。通过以上改革，多数国有企业的素质较改革前有了很大提高，活力有所增强，也涌现出了一批以首钢、吉化为代表的颇有活力的企业典型。但就总体来看，国有企业机制不灵、活力不足、效益低下、政企不分的问题并未得到真正解决，也未能将国有企业改变为自主经营、自负盈亏、自我约束、自我发展的商品生产者和经营者，这就要求必须进一步深化改革，解决国有企业深层次的矛盾。

第二阶段，从1992年党的十四大，特别是党的十四届三中全会以后，为以明晰产权关系为主要内容的企业制度创新阶段。党的十四大，确定了我国经济体制改革的目标是建立社会主义市场经济体制。为适应社会主义市场经济体制的要求，对国有企业的改革提出应通过理顺产权关系、转换企业的经营机制，实行政企分开，落实企业经营自主权，使企业真正成为自主经营、自负盈亏、自我发展、自我约束的法人实体和市场竞争的主体，并承担起国有资产保值、增值的责任。为贯彻落实党的十四大提出的经济体制改革任务，加快改革开放和社会主义现代化建设步伐，1993年11月，党的十四届三中全会审议通过的《中共中央关于建立社会主义市场经济体制若干问题的决定》（以下简称《决定》），为继续深化企业改革指明了方向，《决定》明确了今后我国国有企业改革的方向，即进一步转变国有企业经营机制，建立适应市场经济要求，产权清晰、权责明确、政企分开、管理科学的现代企业制度。《决定》指出，以公有制为主体的现代企业制度是社会主义市场经济体制的基础，并要求对国有企业实行公司制进行积极的探索。至此，我国国有企业的改革，就由原来的以放权让利为主要内容的政策调整，转为以明晰产权关系为主要内容的企业制度创新。

三、国有企业产权制度改革的方向和要求

为了适应社会主义市场经济的要求，提高国有资产的使用效率，必须对传统的国有企业产权制度进行改革。这里主要就国有企业产权制度改革的方向和原则进行探讨。我国国有企业产权制度改革的方向是：实行政企职能分开，国有资产的所有权和经营权分开，使企业具有法人财产权，以进行具有自负盈亏能力的经营。为此，国有企业产权制度改革的基本要求为以下几个方面。

（一）要坚持有利于发展生产力的标准

在理顺和重组国有企业的产权关系时，要坚持用是否有利于发展生产力的标准来衡量改革的措施，要纠正"国有制是公有制的高级形式""公有制程度愈高愈好"等旧观念，从有利于提高生产效率和发展社会生产力的观点来选择公有制的形式和结构。一般来说，在成熟的市场经济下，国有制在自然垄断和信息垄断性强的产业、幼稚产业以及一些特殊行业具有相对优势。因此，从总体上看，现在我国国有制存在着涉及面过宽、战线过长的问题。要通过明确国有资产的投资领域、出售小型国有企业、出售部分大中型国有制企业的股权等方式，适当收缩战线、优化国有资产的配置结构。

（二）要坚持"公有制是在实践中不断发展的""公有制的实现形式是应该探索的"观点

按照马克思的设想，无产阶级取得政权以后，要将一切生产资料归全社会所有，因此，只存在单一的全民所有制。但是，在社会主义的实践中，社会主义国家根据自己的具体情况，又采用了集体所有制的形式来发展经济。我国实行改革开放政策以来，不仅对国有企业的经营管理方式进行了多方面的改革，采取了多种经营方式，而且在公有制的实现形式上也进行了一些可贵的探索。例如，在国有企业的改革中，进行了公有股份制的试验；在发展集体经济中发展了农村乡镇企业，进行了股份合作制企业的试验。这些都是有益的探索，有的已经取得了较好的成效。随着改革的深入，养老基金、共同投资基金等具有公有制特征的产权组织形式出现，而且有很强的生命力。所以，公有制的形式是多种多样的，公有制是在不断发展的，应当在实践中不断探索适合我国生产力发展水平、能够促进生产力快速发展的公有制形式。

（三）要把国家的一般社会职能、经济调控职能和所有者的职能分开

国家的职能可分为一般社会职能、经济调控职能和所有者的职能。国家的一般社会职能，包括保卫国家安全、维护社会治安、开展外交活动、保护人类生存环境等；经济调控职能，包括控制货币发行和银行准备金、控制利率、调控供给和需求以及实施社会保障等；所有者职能，包括对属于国家的资产进行管理和委托经营，对所属或控股、参股的企业派遣相应的经营人员，取得资产收益等。国家的一般社会职能和经济调控职能是超越所有制界限的；但国家作为全民财产的所有者，只能对全民所有制企业或控股、参股的企业履行所有者的职能。

（四）要把所有者和经营者的职能分开

国家在履行所有者职能时，应当将管理和经营分开，国家通过有关的国有资产管理机构从制定方针、政策、法律法规等方面管理国有资产，把国有资产的经营委托给国有资产经营组织或企业去进行。

（五）对国有资产实行金融化、价值化管理，促进国有资产的流动

对国有资产的管理要由实物形态的管理转变为价值形态的管理，要改变国有制企业的封闭式经营，形成国有资产合理流动的机制，通过对小型国有企业的拍卖、企业之间的兼并合并、国有股权的转让等形式，促进国有产权的流动，将国有资金投入急需的产业，优化国有资产的配置。

第四节 现代企业经营管理活动

一、企业的含义及特点

企业是为满足社会需要并获取盈利，实行自主经营、自负盈亏、独立核算，具有法人资格，从事商品生产和经营的基本经济单位。企业有以下五个特点。

（一）企业是一个经济性组织

"经济"可理解为"经世济民"，意思是要在有限的资源条件下，使用尽可能少的投入来创造尽可能多的社会财富，以满足社会日益增长的物质和文化生活需要。企业作为一个经济性组织，一是表明它是一个投入—产出系统，即从事经济性活动，具

体表现为生产性和营销性等方面的活动，把资源按照用户的需要转变成可被接受的产品与服务。二是它追求经济性的目标，即在经营企业的过程中实现"产出/投入"之比的最大化。

具体而言，企业不同于行政事业单位或福利性机构，它必须获取利润。盈利是企业创造附加价值的组成部分，也是社会对企业所生产的产品和服务能否满足社会需要的认可与报酬。在完善的市场经济体系下，企业所获得的利润报酬与其为社会所做出的贡献成正比；而不获利或亏损的企业则可认为是在占用、浪费、损害社会资源，将很难继续存在。企业的经济性或获利性还意味着政府税收的增加与国民的福利、公益事业的发展，以及企业自身的扩大再生产、职工生活水平的不断提高。对于当今绝大多数的企业来说，经济性不仅是一种要求，还往往被认为是企业行动的最高且唯一的目的，即要实现利润的最大化。

（二）企业是一个社会性单位

企业不仅是经济组织也是社会组织，而且在现代社会中，企业的社会性功能已不单纯地从属于其经济性功能，不能简单地反映为"取之于社会，用之于社会"的道义方面的要求，现代企业已是一个向社会全面开放的系统，它所承担的社会责任与政治责任有时甚至会对其经济性行为产生决定性影响。所以，企业概念中的"为满足社会需要"不仅指满足用户、市场的需要，还包括满足企业股东和一切经营及其结果的"相关者"的需要。这些"相关者"都在不同方面、不同程度上与企业发生着联系，影响、帮助或制约着企业的行为，形成了企业经营的社会环境。应当注意到，企业社会性的责任和功能有时与其经济性的责任、目的会形成矛盾，结果往往是迫使企业在经济性方面妥协。企业的社会性要求其管理者不仅要有经济头脑，还必须会解决社会、政治问题。

（三）企业是一个独立法人

这是指企业具有自己的独立财产与组织机构，能以自己的名义进行民事活动并承担责任，享有民事权利与义务。企业的法人特点要求其依据法定程序建立组织，如必须在政府部门登记注册，应有专门的名称、固定的工作地与组织章程，具有独立的财产，实行独立核算，能够充分独立对外自主经营等。同时，作为法人，企业也只对"有限"的自身负法律责任，如企业的行为并不殃及其员工，企业资产的清算仅对法人的注册资金与负债有效，并不涉及出资人的其他财产问题。因此，独立法人的经理、厂长是法人代表，应该对自身的权利有充分认识，同时也应对要负的责任有明确的了解。

（四）企业是一个高效的经营系统

除了独立法人的自主权利与责任所要求的自主行为之外，由于企业是在市场中运作，面对的是各种需求、有限的机会、优胜劣汰的竞争，因此经营决策不仅应有有效性，还必须强调行动高效率，这也要求企业对其经营要有充分的自主性，不应受到其他方面的直接干预。同时对于企业经营者来说，自主经营除了有行动的自主性外，还意味着与自主经营相对应的"自觉"负责，包括自负盈亏、自我积累、自我发展和自我制约，这些都是所有权与经营权分离之后，企业经营管理承担的义务。为了利用好自主经营使企业得以长期、稳定地发展，管理者还必须为此建立一个科学管理的企业经营系统，其中包括有效的企业组织与领导体制，高效率运作的经营决策机制。

（五）企业是一个历史发展的产物

企业并不是从来就有的，它是商品经济发展的产物，也标志着生产力发展的一定水平。在奴隶社会和封建社会中，主要的经济形态是自给自足的自然经济，当时以家庭和手工艺业作坊为基础的自给自足的生产组织形式都不能称为企业。只有到了商品交换发展到一定程度，尤其是中间商介入到了生产与交换之间时，才开始产生最原始的企业组织。随着工业革命和大机器生产的推行，掌握着市场、原料和大量流动资金的中间商开始直接进行生产性投资。这时的企业就是以第一次工业革命为基础的工厂生产制企业。由此可见，企业自诞生那天起就背负着"希望与罪恶"，它代表着新的生产方式，是社会化生产的开始，意味着生产效率与管理效率的不断提高，创新、创造活动的空前活跃；同时，企业的功利取向使经营者能够在方法合理的情况下，追求利润最大化。

二、企业的职能活动

企业的职能活动是指企业为了实现其目标所必须进行的各种功能性行动，既表示活动的有效性，也表示活动的功能属性。企业具体的职能活动有以下六种。

（一）营销性活动

营销性活动包括认识市场和用户的需求特性，并根据企业的特长做产品、定价、分销、促销及公共关系建立与服务方面的决策，以沟通外界需求与内部能力，使企业系统的经营能够以市场为导向并使产品、服务能有效抵达用户。

（二）生产性活动

生产性活动包括将市场信息与用户需要按工艺要求转化为物质形态的产品或能够

满足需要的服务过程，使市场信息和企业营销愿望能够真正变为可供用户消费的实物或服务。

（三）技术性活动

技术性活动包括进行产品或经营对象及其生产方法或经营方法方面的研究与开发，使企业有能力保持经营对象及方法上的先进性，继而塑造出企业整体的市场竞争优势。技术性活动对经营对象而言与营销性活动类似，但侧重于对市场潜在需求的开发；而对经营方法而言则与生产性活动类似，但比其更广泛，不仅涉及生产工艺方法，还要对整个企业的经营方法进行研究与开发。

（四）财务性活动

财务性活动是指对企业全部资产的经营性活动，包括各种资金的筹措、分配、运用，对负债、股本、利润的管理，以使企业的经营能够在正常的资金条件下进行，并使企业的财务结构合理、经济效益提高、出资者的利益得以保护。

（五）会计性活动

会计性活动包括对企业的经营活动及其财务状态进行统计、记载、整理、汇总、分析，以提供组织的财务性资料，帮助不同的人，如业主、债权人、投资者、政府、员工、金融机构等进行分析决策。会计性活动本身偏重于对财务性活动的记录；而财务性活动是对以资金为表现形式的全部资本进行的经营。

（六）管理性活动

管理性活动是指通过计划、组织、领导、激励与控制等手段，对企业以上各职能性活动以及所使用的各类资源进行协调，以期达到企业的经营目的。所以管理性活动是一种综合性的职能，其核心是在目标基础上进行各种活动的协调。

企业的以上六种职能性活动是完成企业使命、达成企业目标的基本活动，从本质上说是缺一不可的。但是，这六种活动并不是同等重要的，它们之间的关系反映了经营企业的机制问题。一般来说，前五种企业运营性活动的次序不能颠倒，其相互关系紧密联系。即企业应该以市场为基础，以营销活动为先导，以生产或创造性活动为核心，在其他各项活动的支持下达到企业的目标。任何一个企业生存成长的前提一定要符合社会和市场的需要，因此，企业营销性活动，尤其是发现市场需求、了解顾客愿望的活动，应该是任何一个企业全部经营活动的起点，营销系统就像人体的感觉器官，把握着行动的方向、目标，指挥着最有效的反应。企业营销的目的本质是实现企业的创造性职能，即生产性活动，它是企业创造价值的核心部门，就像人体的运动系统实现着劳动、创造的职能；技术性的活动关系到企业的长期生存问题，就像人类的生殖系统，不仅肩负着繁衍的任务而且需要承担着优选、进化的使命；财务性活动供给着企业运转所需要的血液、养分，谋划着养料提取的途径以及营养配方、消化方式等；会计性活动监视、反映着企业的运作状态，如同人体免疫系统起着反映、控制、自动抵御外界干扰的作用；而企业管理性活动就像人体的大脑思维与神经指挥系统一样，把各子系统的职能加以集成、协调，纳入统一的目标之下，有条不紊地工作。

第五节　企业管理的概念及基本职能

一、企业管理的概念与特点

管理作为一种人类的实践活动是伴随着人类历史而产生、发展的，但作为一门系统的学科其建立的时间却是在工业化的20世纪初，而且迄今为止，"管理"一词也还没有一个统一的可为大多数人都接受的定义，原因是不同的人在不同层次、以不同的角度对待管理工作，自然对管理的认识、总结也就不同。

一般来说，管理可定义为：通过计划、组织、领导、激励、控制等环节协调好组织的各项运营性活动与资源，以期达到组织目标的过程。在这一定义中表明了管理三方面的含义。

一是管理作为一个过程，是通过计划、组织、领导、激励、控制等职能来加以实现的，它也表明管理的基本职能与管理者的工作内容。

二是管理的对象是组织的各项业务性活动及其所使用的资源，包括人力、财力、物力、时间、信息等，即组织在使用资源的过程中通过业务性和管理性的活动以实现其经济性。

三是管理的目的在于达到组织的目标，这是其有效性的规定，至于管理过程中对效率、经济性目标的追求是在有效性确定的基础上进一步完善的过程。组织的管理性活动与其他运营性业务活动有很大的差异，它的核心是进行一种综合协调。其特点如表 1-1 所示。

本书中指的管理，即一般的企业管理。

表1-1 管理的特点

管理的科学性	管理是一门科学，因为它具有科学的特点，即客观规律性、真理性、实践指导性、系统性和可发展性、完善性
管理的艺术性	管理的理论、方法、原则的应用具有艺术性，这种艺术性主要指管理根据管理对象、环境而有效应变的技艺；此外，艺术性也指领导者的感召力，使员工能够感受到领导者所要表达的目标、准则、期望
管理的综合性	管理是渗透在业务活动之中实现的，由于管理的对象、过程、目的诸要素都很复杂，管理者仅掌握单一方面的知识与技能是远远不够的，管理者既要具有管理素质，也需要有业务基础，还需要有处理人际关系的能力
管理的不精确性	管理在已知条件完全一致的情况下有可能产生截然相反的结果，即投入资源相同而产出却可能不同，说明管理系统非线性，其中存在着很多无法预知的因素，或不可能确切表示的因素，这是该系统的"本性状态"
管理的系统性	管理是通过系统实施并实现的；在管理系统中，它尊重一般系统的规律性；管理的任务也可认为是进行一种管理系统的决策，即分析—设计—运行
管理的二重性	管理既具有与生产力相联系的自然属性，如质量管理、库存管理、技术管理等，不带有意识形态的色彩，完全可以借鉴先进国家的发展成果，也具有与生产关系相联系的社会属性，如组织管理、战略管理、人力资源管理、企业文化管理等，带有较强的意识形态的色彩，需要企业自主创新和长期积累。这两种属性两位一体，不能分开

二、企业管理的基本职能

对于企业管理的职能，目前国内外尚有不同的看法和学派，列举如下。

（1）四功种能学派：计划、组织、领导、控制。

（2）五功种能学派：①计划、组织、指挥、协调、控制；②计划、组织、领导、激励、控制；③决策、计划、组织、领导、控制。

根据这些管理职能的内容，可以看出其内容基本大同小异，并无本质的区别。例如，领导职能可以涵盖指挥、协调、激励等内容。

三、计划职能

（一）计划的概念及分类

计划是企业内部管理职能中最基本的一个职能，它所涉及的问题是要在未来的各种行为过程中做出抉择，也就是预先决定做什么、如何做和由谁去做。计划职能是为了实现组织已定的决策目标，而对整体目标进行分解，并组织人力、财力、物力，拟定实施步骤、方法和制定相应的策略、政策等一系列管理活动。

计划按照不同的分类标准可以有不同的分类。

（1）按计划所涉及的时间及期限分类，可分为长期计划、中期计划和短期计划。

（2）长期计划是指计划期限在3~5年甚至更长的计划，一般又称为战略性计划。

短期计划是指计划期限短于1年的计划,又称为战术性计划。计划期限介于两者之间的计划通常称为中期计划。

(3)按计划所涉及的工作,可把计划分为生产计划、销售计划、财务计划、人事计划等。

(4)按计划的广度和范围可把计划分为政策、程序和方法。这种分类法不仅可以使人们确定计划的广度,而且可以使人们知道发起计划的组织级别和计划在组织内被利用的范围大小。公司的政策在应用范围方面很广泛,它规定必要的并为公司董事会或执行委员会所认可的活动范围,往往由组织的最高阶层制定,并且它具有相对的稳定性。程序只是在部门之间或部门内部适用,它不像政策那样会影响整个组织机构;它一般都起源并应用于组织内部的一个部门,但对组织内部其他相关部门有着一定的影响。方法一般应用于一定的作业部门内部,被认为是为完成一定任务所必须执行的各种作业方法及先后次序的一种计划,并主要用于指导个人的行为。

(5)根据计划内容可将计划分为专项计划和综合计划两种。专项计划是指为完成某一特定任务而拟定的计划。综合计划是指对组织活动所做的整体安排。

(6)根据计划内容的表现形式可将计划分为宗旨、目标、策略、政策、程序、规划、预算等几种类型。宗旨是指明确组织从事什么样的事业,是什么性质的组织;目标是组织在一定时期内要达到的具体成果;策略是指为实现组织目标而采取的一系列措施、手段或技巧;政策是指在决策或处理重要问题时,用来指导和沟通思想与行动方针的明文规定;程序是如何处理那些重复发生的问题的方法和步骤;规划是指为实现既定目标、策略、政策等而制定的较长期的安排;预算是为实现计划的财务安排,如成本预算、销售费用预算、广告预算等。

(二)计划在管理中的作用

计划作为管理工作的一项基本职能,在管理活动中起着重要的作用。

1.计划明确了组织要实现的目标

一个管理组织之所以能生存下去,就是因为通过分工和协作达成一定的组织目标。通过计划,能使组织的行为瞄准一定的目标,还能预测到哪些行为会导致组织最终目标的实现,哪些行为会导致背离组织目标。计划工作就是通过一系列的预测及事先安排,协调组织的行动,实现组织的目标。

2.计划是管理活动的纲领

计划是其他管理职能的基础,是一切管理活动的纲领。在现代社会里,任何一个工程、一项任务,其过程往往都比较复杂,劳动分工精细,专业化协作关系紧密,要使这样一个复杂的工作能很好地组织起来并保证其正常地进行,必须有统一严密的计划作为其共同行动的纲领。

3. 计划是控制的标准

计划与控制是管理工作中不可分割的两项工作。制订计划就是为了很好地进行控制。没有计划的行动，不能向控制活动提供控制的依据，控制活动就无法很好地进行，组织也无法保证其行动的正确性，这必然会影响组织目标的实现。

（三）计划的一般程序

计划工作必须紧紧围绕着两个基本问题：一是拟实现哪些目标，二是如何实现所制定的目标。只有围绕这两个问题，完整的计划工作程序才能顺利地展开。

1. 描述、理解、沟通组织的使命和宗旨

计划工作过程起源于组织的使命和宗旨。这里存在两种情况：一是组织并不存在明确的使命和宗旨，界定并描述组织的使命和宗旨便成为计划工作的重要内容，新创办的组织、处于重大变革时期的组织往往属于这种情况；二是如果已存在明确的组织使命和宗旨，还需要正确地理解组织的使命和宗旨，并将其贯彻到计划的制订与实施的工作中。在正确理解组织的使命和宗旨的基础上，还要把组织的使命和宗旨传播给组织成员、顾客及各相关利益群体，使与计划的制订和实施工作有关的人员了解并接受组织的使命和宗旨，这将十分有利于计划的快速实施和竞争优势的营造。

2. 评估组织的当前状况

计划工作的一个重要的工作环节是对组织的当前状况做出评估，这是制订和实施计划工作方案的前提。从大的方面看，当前状况的评估工作要对组织自身的优势和劣势、外部环境的机会和威胁进行综合分析。当然，对于那些局部作业性质的计划工作，往往并不需要特别复杂和综合的内外部环境分析。但即使如此，也要对内部的资源与外部关系做出基本的判断。分析内部资源，主要应考虑组织的财务状况、员工技能、技术水平，以及那些能反映组织当前工作状况的信息资料。分析内部资源可以了解组织目前的优势和劣势。与此同时，还应分析组织的外部关系，如与供应者之间的关系、与顾客之间的关系、与银行等公共群体之间的关系等。分析外部关系可从中得出计划工作必须予以关注的潜在机会和限制因素。

3. 制定计划目标

分析了组织的现状之后，就要回答"往何处去"这一问题，即要确定目标。目标是组织期望达到的最终结果。一个组织在同一时期可能有多个目标，但任何一个目标都应包括以下内容。

（1）明确的主题，如是扩大利润、提高顾客的满意度，还是改进产品质量等。

（2）期望达到的数量或水平，如销售数量、管理培训的内容等。

（3）可用于测量计划实施情况的指标，如销售额、接受管理培训的人数等。

（4）明确的时间期限，即要求在什么样的时间范围内完成目标。

4. 估量现状与目标之间的差距

组织的将来状况与现状之间必然存在着差距，客观地度量这种差距，并设法缩小这种差距，是计划工作的重要任务。

一般来说，缩小现状与目标之间的差距可采取两类措施。一类是不打破现状，在现状的基础上力求改进，随着时间的推移不断地逼近目标。例如，针对市场占有率低的现状，可以通过加大广告开支和营销力度、降低产品价格等措施，实现企业扩大市场占有率的目标，这类措施风险相对小。另一类是变革现状，有时甚至是对组织进行根本性的调整，如调整组织结构、大幅度精减人员等。这类措施风险相对大，但如果成功，组织绩效将会得到明显的改进。具体采用哪一类措施，需要对现状与目标之间的差距做出客观而准确的分析。

5. 预测未来情况

在计划实施过程中，组织内外部环境都可能发生变化。如果能够及时预测内外部环境的可能变化，对制订和实施计划来说将十分有利。所以，计划工作人员应设法预见计划在未来实施时所处的环境，对影响既定计划实施的诸环境要素进行预测，在此基础上，设计可行的计划方案。所谓预测，就是根据过去和现在的资料，运用各种方法和技术，对影响组织工作活动的未来环境做出正确的估计和判断。预测有两种，一种预测是计划工作的前提，比如对未来经营条件、销售量和环境变化所进行的预测；另一种预测是从既定的现行计划出发对将来的期望，如对一项新投资所做的关于支出和收入的预测。预测的方法多种多样，主要有两大类：一是定性预测方法，主要靠人们的经验和分析判断能力进行预测，如德尔菲法等；二是定量预测方法，就是根据已有的数据和资料，通过数学计算和运用计量模型进行预测，如时间序列分析、回归分析等。这些方法往往具有较强的专业技术特征，而且复杂程度不同，所以应当有选择地加以运用。

6. 制订计划方案

在上述各阶段任务完成之后，接下来应制订具体的计划方案。计划方案类似于行动路线图，是指挥和协调组织活动的工作文件，要清楚地告诉人们做什么、何时做、由谁做、何处做以及如何做等。制订计划方案包括提出方案、比较方案、选择方案等工作。

计划是面向未来的管理活动，未来是不确定的，因此，在制订计划方案的同时，还应该制订应急计划（或称权变计划），即事先估计计划实施过程中可能出现的问题，预先制订备选方案（有时甚至是几套备选方案），这样可以加大计划工作的弹性，使之更好地适应未来环境。

7. 实施计划方案

选择、制订好计划方案之后，很多人认为计划工作就完成了。但是，如果不能将之转化为实际行动和业绩，再好的计划也没有用。因此，实施全面计划管理的组织，应把实施计划作为组织的中心工作,组织中的计划部门应负责并协调计划的实施过程,了解和检查计划的实施情况,与计划实施部门共同分析问题、采取对策,确保计划目标的顺利达成,在紧急情况发生时制订应急计划。当然,大部分组织的计划部门还要承担具体实施计划的任务,参与实施计划、及时获取有关计划实施情况的信息、总结和积累经验,将有助于计划的实施和计划工作科学化水平的提高。

8. 实施结果的评估

定期对计划实施结果进行评估,有助于领导和组织全面了解计划执行的情况、存在的问题以及需要改进的方向。实施结果评估是以部门为单位,采用图表的形式进行定量化评估,将各部门的结果汇总,形成评估报告,得出本期计划执行的效果,并指出本期计划的不足和需要改进的地方,促使企业计划水平不断提高。

四、组织职能

(一)组织的含义

企业组织理论是管理科学的一个重要组成部分。从历史上看,"组织"与"管理"曾被看成同义词,因此,从某种意义上说,管理理论首先是从组织理论的研究开始而逐步发展形成的。

组织,一般泛指各种各样的社会组织或事业单位,如企业、机关、学校、医院、工会等。美国管理学家切斯特·巴纳德认为,由于生理的、心理的、物质的、社会的限制,人们为了达到个人的和共同的目标,就必须合作,于是形成群体,即组织。经过长期研究,学者对于组织有三种定义。

1. 组织结构论

古典管理学派认为,组织是为了达到某些特定目标经由分工与协作及不同层次的权力和责任制度而构成的人的集合。这个定义有三层意思。

(1) 组织必须具有目标。因为任何组织都是为目标存在的,不论这个目标是明确的还是隐含的,目标是组织存在的前提。例如,企业的目标是为社会提供满足人们需要的产品或服务,并获取利润。

(2) 为了达到目标,使工作有效率,组织内的各种活动和人员必须分工协作。

(3) 要分工与协作,组织必须设置不同层次的权力与责任制度,它用来反映上下级之间的一种关系。下级有向上级报告自己工作绩效的义务或责任;上级有对下级的工作进行必要指导的责任。

德国社会学家马克斯·韦伯是对组织设计的发展有深远影响的学者之一,被管理学界称为"组织理论之父"。韦伯认为,一个组织系统应该是"层峰结构",即金字塔形的结构。

2. 组织行为论

社会系统学派巴纳德提出："组织是两人或两人以上有意识加以协调的活动或效力系统。"这里强调的是组织成员的协调或协作，更适用于组织的运行分析。

3. 组织系统论

系统学派提出："组织是开放的社会系统，具有许多相互影响、共同工作的子系统，当一个子系统发生变化时，其他子系统和整个系统的工作必然受到影响。"这种定义把组织内的部门和成员看成是有机联系、互相作用的子系统。从作用上分，可以包括传感子系统、信息子系统、决策子系统、加工子系统等；从组织上分，可以包括决策子系统、管理子系统、执行子系统、操作子系统等。组织系统论更适用于组织变革分析。

4. 权变理论

权变理论认为，一个组织是由各子系统组成的系统，并从环境的分界来划出轮廓，要尽量了解各个子系统内部及各子系统之间的关系，以及组织和环境之间的关系，并尽量明确各个变量的关系和结构模式。它强调组织变化无常的性质，并且也注重了解组织在不同条件下和在特定条件下如何运转。

不同的工业需要不同的组织结构。由于受外部环境制约，凡是有特定的目标、稳定的环境、严密的界限、常规技术和雇佣人员，追求可靠性的地方，比较机械的组织是有效的；凡是目标比较模糊不清，有动态环境，并必须有革新的地方，有机形式的组织可能更适当。

应该指出的是，世上并没有一种适应一切组织的结构。不管是哪一种组织体系理论，哪一种组织形态，现代管理组织都要充分发挥个人的智慧来创造整体的成就。所以不但要注意内部规律化的交互作用，并且要注意环境的适应。现代管理组织就是一种系统结构，不但要注意功能系统，充分发挥人的结合力量，还要注意人机系统，以及社会的、经济的、技术的各种系统的相互影响。

在管理学中，"组织"可以从静态与动态两个方面理解。从静态方面看，组织是指组织结构，即反映人、职位、任务以及它们之间的特定关系的网络。这一网络可以把分工的范围、程度、相互之间的协调配合关系、各自的任务和职责等用部门和层次的方式确定下来，成为组织的框架体系，如工厂、学校、医院、各级政府部门、各个层次的经济实体、各个党派和政治团体等，这些都是组织。从动态方面看，组织是指维持与变革组织结构，以完成组织目标的过程。通过组织机构的建立与变革，将生产经营活动的各个要素、各个环节，从时间上、空间上科学地组织起来，使每个成员都能接受领导、协调行动，从而产生新的、大于个人和各集体功能简单加入的整体职能。因此，组织职能包括三个方面的内容，一是组织的结构，二是组织的行为，三是组织的变革。

（二）组织的性质及构成

1. 组织的性质

组织的性质是由组织本身所决定的，或者说是由组织的构成要素所决定的，组织的性质同时也反映了组织的构成要素，可以通过了解组织的性质了解组织的构成要素。从人的认识过程来说，也是先了解组织的外在性质，然后才能进一步去研究组织的内在构成要素。在系统科学研究中，人们从各个方面描述了系统的具体特征，如整体性、统一性、结构性、功能性、层次性、动态性和目的性等。其中，目的性、整体性是系统最普遍、最本质的特征。组织也是系统，因此，所有组织都具有目的性、整体性这两个主要特征。

2. 组织的构成

根据组织表现出的性质，可以把组织的构成要素确定为：组织环境、组织目的、管理主体和管理客体。这四个基本要素相互结合，相互作用，共同构成一个完整的组织。

（1）组织环境。组织环境是组织的必要构成要素。组织是一个开放系统，组织内部各层级、部门之间和组织与组织之间，每时每刻都在交流信息。任何组织都处于一定的环境中，并与环境发生着物质、能量或信息交换关系，脱离一定环境的组织是不存在的。组织是在不断与外界交流信息的过程中，得到发展和壮大的。所有管理者都必须高度重视环境因素，必须在不同程度上考虑到外部环境，如经济的、技术的、社会的、政治的和伦理的等，使组织的内外要素互相协调。

（2）组织目的。组织目的也是一个组织的要素。所谓组织目的，就是组织所有者的共同愿望，是得到组织所有成员认同的。任何一个组织都有其存在的目的，建立一个组织，首先必须有目的，然后建立组织的目标，如果没有目的，组织就不可能建立。已有的组织如果失去了目的，这个组织也就名存实亡，而失去了存在的必要。企业组织的目的，就是向社会提供用户满意的商品和服务，企业从而获得尽量多的利润。

（3）管理主体和管理客体。组织组成要素应当是相互作用的，或者说是耦合的。在组织中，这两个相互作用的要素是管理主体和管理客体。管理主体是指具有一定管理能力，拥有相应的权威和责任，从事现实管理活动的人或机构，也就是通常所说的管理者。管理客体是管理过程中在组织中所能预测、协调和控制的对象。

管理主体与管理客体之间的相互联系和相互作用构成了组织系统及其运动，这种联系和作用是通过组织这一形式而发生的。管理主体相当于组织的施控系统，管理客体相当于组织的受控系统。组织是管理主体与管理客体依据一定规律相互结合，具有特定功能和统一目标的有序系统。在管理的过程中，管理主体领导管理客体，管理客体实现组织的目的，而管理客体对管理主体又有反作用，管理主体根据管理客体对组织目的的完成情况，调整自身的行为。它们通过这样的相互作用，形成了耦合系统，从而更好地实现组织的目的。

五、领导职能

（一）领导

领导是管理工作的一个重要方面。卓越的领导能力是成为一个有效的管理者的重要条件之一。也就是说，一个好的管理者首先应是一个有效的领导者。因此，在这里，领导就是一种通过指挥和协调个人活动，使之与整个群体利益相一致的行为。由此可见，领导活动包括三个基本要素，即领导者、被领导者以及两者结合的作用对象。

1. 领导者

领导者是领导活动的主导因素。从广义上讲，凡是率领或引导组织成员朝一定目标前进的人都是领导者；从狭义上讲，领导者是指由一定组织正式委任，具有一定职权，负有相应责任和代表群体利益的人。领导者意味着权力、责任和服务三者的统一。领导者服务越高，权力越大，责任也就越大。

2. 被领导者

被领导者是领导者与作用对象的中介环节，可分为绝对被领导者和相对被领导者。绝对被领导者是指在社会组织中不担任任何领导职务的人；相对被领导者是指担任一定领导职务的被领导者。

3. 作用对象

作用对象，即客观环境，是领导活动中不可缺少的因素。领导活动就是把已认识和尚未认识的客观环境转化为已进入领导活动的那部分客观环境的过程。

领导活动是以上三要素相互作用、相互结合的表现形式，也正是由此形成了领导活动的一般规律，即通过沟通、激励和运用科学领导方法实行有效领导。

（二）沟通

1. 沟通的概念

沟通就是信息的交流，是信息由发出者到达接收者并为接收者所理解的过程。沟通既是社会心理学、行为科学及管理心理学的研究课题，也是现代管理学研究的内容。

一个有效的领导者需要必要的信息去履行其领导职能和开展管理活动，而信息的获取必须通过沟通来实现。因此，沟通就成为领导者实现其领导职能的一种手段。

2. 沟通的过程

沟通是使有组织的活动统一起来，使目标得以实现的手段。一个沟通过程包括信息的发出、传送、接收、反馈四个环节。沟通过程是一个双向传递的过程。

（1）信息的发出者。沟通开始于信息发出者。信息发出者或者是领导者，或者是被领导者。信息的发出者是沟通的发起人。信息在发出时，要求发出者以接收方理解的方式对信息进行编码，再传送。只有这样，信息接收者收到信息后，才能解码，才能反馈。

（2）传递渠道。信息在传送过程中，要借助某种传递渠道作为媒介，比如电话、书信等方式。有时可使用两种或更多种渠道，如用电话联系的两个人达成一项协议后，再用函件的形式加以确认。另外，不同的媒介各有利弊，因此在有多种选择的情况下，正确选择渠道是极为重要的。

（3）信息接收者。信息接收者就是沟通的对象，可能是领导者，也可能是被领导者，信息接收者必须注意接收信息，才能正确理解信息发出者的思想。否则，信息接收者不太注意或者根本就没有接收信息，就会增加沟通失误的可能性。

（4）反馈。信息从发出者传到接收者，只完成了沟通的一个方面，即接收者的反馈信息还没有传递到发出者。这样，信息发出者就不会了解接收者的状态，如接收是否准确、是否受到干扰、是否存在错误解码等。这些都会妨碍沟通。因此，反馈是沟通过程中不可缺少的一个环节。

3. 沟通的类型

（1）正式沟通。正式沟通一般指在组织系统内，依据组织明文规定的原则进行的信息传递与交流。

①正式沟通有下向、上向、横向、斜向沟通等几种方式。斜向沟通是发生在组织内部不同系统、不同层次的人员之间的沟通，对组织中的其他正式沟通渠道会起到一定的补充作用。

②沟通的网络是指组织的沟通信息纵横流动所形成的各种形态。常见的沟通网络一般有五种形态，即链式、环式、Y式[①]、轮式和全通道式。

链式沟通：容易失真。

环式沟通：组织的集中化程度较低，组织成员具有比较一致的满意度。

Y式沟通：集中化程度高，除中心人员外，组织成员的平均满意程度较低。

轮式沟通：集中化程度高，解决问题的速度快。

全通道式沟通：组织成员的平均满意程度高且差异小，因此士气高昂；但易造成混乱，且费时，影响工作效率。

（2）非正式沟通。非正式沟通和正式沟通不同，它的沟通对象、时间及内容等，

---

① Y式（Y式沟通）是指链式沟通的途中变换为环式沟通，是链式沟通与环式沟通的结合。

都是未经计划和难以辨别的。在相当程度上，非正式沟通的出现也是出于决策对于信息的需要。非正式的沟通较正式沟通具有较大的弹性，它可以是横向流向或斜角流向，一般也比较迅速。

（三）激励

激励就是引发和促进人们去做某种特定行为的活动。管理激励就是指管理者运用某种方法与途径，使组织成员能够为达到组织目标而积极行动、努力工作的活动过程。因此，就管理者而言，激励呈现出一种由管理者所实施，意在引发、维持、促进人们做管理者所预期的行为的管理活动过程。激励的方法要根据激励因素确定，通常有工作成就感、身份、权力欲、竞争压力、金钱等。

1. 工作成就感

工作成就感是一个人成功的欲望。工作中的挑战越大，工作成就感就越大。因此，人们必须知道他们工作的职责范围，必须相信他们正在做的工作所具有的价值。只有这样，人们的这一需要才容易得到满足。

2. 身份

身份也就是一个人的地位。它包括称号、头衔、提升以及诸如办公室的规格、职位任命等。

3. 权力欲

权力欲即达到领导地位的强烈愿望。每一个职工潜意识中均有这一需要。这是在被领导的情况下所形成的下属与领导相比较的心态。人们总希望自己在同辈中成为一个领导。出于这一原因，可以允许职工参与管理。这样做，不仅可以激励职工，还可以为企业成功提供有价值的建议。

4. 竞争压力

竞争充满了社会的各个方面，从日用品的促销到管理人员的选拔均存在竞争，通过竞争促使优胜劣汰。因此，谁都有被淘汰出局的可能。每个人都想在竞争中获胜，因此这一因素也是一个激励因素。

5. 金钱

在大多数场合，金钱不仅仅是钱，通常还是其他激励因素的一种反映。作为一种激励因素，金钱主要表现为劳动报酬，即主要是通过劳动换来的。金钱之所以能激励人们，是因为金钱是人们达到最低生活水平的重要手段。也就是说当人们对金钱的需要已不再那么迫切的时候，金钱也就不再是一种激励因素，而只是一种保健因素，即维持一个组织机构配备足够人员的一种手段。

总之，激励取决于领导方式和管理实践，反过来又影响领导方式和管理实践。领导者如果要设计一个人们乐意在其中工作的环境，必须对个人的激励做出反应，即采取相应的激励方法。同时各个激励因素之间不是独立和分隔的。因此，在采用相应的激励方法时，要综合考虑，分清主次。

（四）领导者素质

领导者素质是实现领导目标的主观要素。在领导活动中，领导者处于主导地位，领导者素质的高低，对保证领导目标的实现和领导效能的提高起着决定性作用。

领导者素质是指领导者在一定时间、空间条件下实施领导的知识、才能、品格、精神、观念、气质、体魄等诸方面因素的总和。领导者素质的主要内容有知识素质、能力素质、品格素质和精神素质等。

1. 知识素质

知识素质是领导者不可缺少的重要素质。简言之，知识素质就是领导者的真才实学，具体包括深厚的基本理论知识、娴熟的专业管理知识、广博的科学文化知识等。

2. 能力素质

能力素质是领导者素质的核心，是领导者把主观意图转化为客观现实的转换器。良好的能力素质主要包括统筹全局的洞察力、权衡利弊的决断力、周密严谨的组织能力、善于沟通的协调能力和适时调整的应变力等。

3. 品格素质

品格素质是领导者素质中的重要素质之一，主要包括高度的事业心、秉公办事的原则性、谦让客人的气量以及以身作则、严于律己的自制力等。

4. 精神素质

精神素质是领导者素质的又一重要素质，它是领导者取得成功的催化剂。良好的精神素质包括勤奋不息的好学精神、进取不息的创新精神、执着不渝的求实精神和坚忍不拔的顽强精神等。

六、控制职能

（一）控制的基本内容

控制是组织在动态的环境中为了实现既定的目标而进行的检查和纠偏活动或过程。控制是保证管理目标实现的一项职能。管理的任务在于保证计划目标的实现，而管理的动态性决定了在计划执行过程中，由于各种因素的干扰，实际往往偏离了计划。控制的职能就在于及时发现实际活动偏离计划的情况、原因和责任，并及时加以纠正，使计划的执行要求相一致。因此，控制工作就是尽量使实际符合计划。其中，纠正偏差的措施可能是一些简单的措施,只是使实际偏差校正为计划要求的状态,但也可能导致确立新的目标,提出新的计划。

控制与计划、组织及领导密切联系在一起,共同形成管理工作循环系统,它们都是管理的职能。只要存在管理工作,这种循环就会反复运行,而每一次循环的完成都把管理工作推向一个新的高度。其中,计划是控制的标准和依据,而控制是计划实施过程中的保证;组织和领导是控制得以进行的前提条件,而控制工作又是组织和领导的主要任务。

(二)控制的类型

1. 按照控制活动的性质,可分为预防性控制与更正性控制

(1)预防性控制是避免产生错误,或尽量减少更正活动的控制类型。例如,人人知法、人人懂法,就可以在很大程度上减少由于不知法、不懂法而导致的违法行为的发生。因此,国家强调法制,制订法令法规并大力宣传普及,这就是预防性控制措施。一般来说,像规章制度、工作程序、人员训练等都起着预防性控制的作用。

(2)更正性控制的目的在于当出现偏差时,使行为或实施进程返回到预先确定的或所希望的水平。例如,定期对企业及各类组织进行财务审计,有助于及时发现问题、解决问题。

2. 按照整个组织控制活动的来源,可分为正式组织控制、群体控制与自我控制

(1)正式组织控制是由管理人员建立起一些机构或设计规定来进行控制。像规划、预算和审计部门是正式组织控制的典型例子。组织通过规划指导组织成员的活动,通过预算控制经费使用,通过审计检查各部门或个人是否按照规定进行活动,并提出更正措施。

(2)群体控制是基于群体成员的价值观念和行为准则,由非正式组织发展和维持的。非正式组织有自己的一套行为规范,其成员都知道遵循这些规范或违反这些规范的利害。例如,建议一个新来的职工把产量限制在一个群体可接受的水平,就是在企业管理中经常遇到的群体控制事例。群体控制在某种程度上左右着组织成员的行为,处理得好,有利于达成组织目标,处理不好,将会给组织带来很大危害。

(3)自我控制是组织成员有意识地按某一行为规范进行活动,也称个人自我控制。例如,一个职工不把集体的财物据为己有,是由于他具有诚实、廉洁的品质,而不单单是怕被抓住而受惩罚。这是有意识的个人自我控制。自我控制能力取决于个人的素质,具有良好修养的人一般自我控制能力较强。

上述正式组织控制、群体控制和自我控制措施的采用取决于组织对其成员的教育和吸引力,或者说取决于组织文化。有效的管理控制系统应该综合利用这三种控制措施。

3. 按照控制活动的重点，可分为预先控制、现场控制和反馈控制

（1）预先控制是面向未来的控制，又称为前馈控制。它是在做决策和计划时，预先为实施计划做好充分的准备工作，尽量减少实施中的偏差。这种预先控制正是决策中的预测工作，也正是预测的实质，即控制。在管理控制中，只有在管理者能够预先对即将出现的偏差有所察觉并及时采取措施时，才能实现有效控制。

（2）现场控制（即事中控制）是指在实施计划的过程中，充分体现管理控制的那一部分工作，又称适时控制。通常包括确立标准、搜集信息、衡量成败和纠正偏差等内容，现场控制是一种运用较多的控制方法。搞好现场控制，有利于提高效率，及时纠正偏差，较好地保证计划的实施，从而实现有效控制的目标。这一控制方式也是最基本的控制方式。

（3）反馈控制也称过后行为控制或事后控制，是指在行动和任务完成之后，用实际结果与原计划标准进行比较，作为将来工作的借鉴，并采取相应措施加以纠正和改进。这一控制方式是以管理作为一个系统，把计划的完成情况反馈到决策阶段，为下一个系统循环的运行制定新的目标，包括在计划完成时存在的问题、偏差情况、原因等，从而达到逐步控制、改进的目的。因此，这种控制方式也是决策的一部分，可以为决策提供依据，并进行信息反馈，是有效控制不可缺少的一个环节。

4. 按照组织控制所使用的手段，可分为直接控制与间接控制

（1）直接控制从字面理解是指通过控制者与被控制者直接接触进行控制的形式。现代经济管理活动中，人们把直接控制理解为通过行政手段进行的控制。由于行政命令往往比较简单、直观，因此在实际的经济管理活动中需要考虑到其应用范围，否则直接控制可能起到不好的效果。

（2）间接控制从字面理解是指控制者与被控制者之间并不直接接触，而是通过中间媒介进行控制的形式。现代经济管理活动中，人们习惯于把利用经济杠杆进行控制称为间接控制。经济杠杆主要有税收、信贷、价格等经济措施或经济政策。在企业内部将奖金与绩效挂钩的分配政策，运用思想政治工作手段形成良好风气，都可以有效地控制人们的行为，这都属于间接控制。

此外，从对控制客体的作用方式的角度，还可以把控制分为外加控制和自我控制。外加控制是被动的，控制由管理者发出而作用在控制客体上，因而称为外加控制。自我控制则不同，控制的客体和主体具有同一性，因而这种控制是主动控制。主动控制能更好地把握计划的执行情况，对发生的偏差能迅速采取相应的措施纠正，而不致使偏差扩大、蔓延，所以，这是一种有效的控制方法。管理者所追求的正是有效的自我控制。

（三）控制程序

控制程序是指控制工作过程的先后顺序。无论控制方式如何，基本控制程序都包括三个步骤：①确立标准；②衡量执行情况；③纠正实际执行情况与计划的偏差。

1. 确立标准

前面我们谈到计划是控制工作必须依据的标准，因此确立标准，首先就是制订计划。只有制订了计划，控制才有了依据。同时，由于不同计划的详尽程度和复杂程度各不相同，管理者不可能注意到每一件与计划相背离的事件，因此除计划外，还应确立具体的标准和规范来加以约束，用来对工作成果进行计量、考核，从而纳入管理的正常体系中，作为管理控制的一种手段。

2. 衡量执行情况

衡量执行情况要以标准为依据，最好的办法是使差错在实际发生之前就被发现，并及时采取措施加以纠正。当然，在实际工作中，这一点不一定总能办到。因此，应尽早公开标准和已发生的偏差情况，以便下一步加以纠正。在这里，衡量绩效不是等计划执行完成以后，再将实际执行情况与计划进行比较，而是用计划和各种标准、规范来约束执行，使偏差消失在控制之前。

3. 纠正实际执行情况与计划的偏差

纠正实际执行情况与计划的偏差是控制工作的中心环节，不进行偏差的纠正，控制过程就不能算完成。纠正偏差通常有两种情况。一种是积极偏差的纠正，即偏差是正向的，工作业绩比标准还要好。这种情况下首先需要纠正标准，对以往的标准进行修改，使技术进步成为标准制定的主要依据，其次才是工作努力程度。只有这样的标准，才能反映工作成效，才能成为控制的标准。另一种情况是消极偏差的纠正，即偏差是负向的，也就是工作业绩没有达到标准要求。这种情况下，管理者可以重新制订计划或修改目标来对偏差加以纠正，即纠正标准；也可以运用组织职能，通过明确职责或重新指派人员来加以纠正；还可以通过更好的指导和有效的领导纠正。由此可见，纠正偏差作为控制过程中的中心环节，与其他管理职能交错重叠在一起。这也正说明了管理的各项职能是统一的，管理过程是一个完整的系统。以上三个环节就构成了控制的三部曲。

第二章 企业战略管理理论

第一节 企业战略管理概述

一、企业战略的概念和特点

（一）企业战略的概念

战略作为一个军事概念，已是相当古老的事了。但是，战略一词被运用于经济和社会领域，还是一个新颖的概念。"战略"一词与企业联系在一起并得到广泛应用的时间并不长，最初出现在西方经营学者巴纳德的《经理人员的职能》一书中，以说明企业组织决策机制，从企业的各种要素中产生了"战略"因素的构想。企业战略得到广泛应用是以1965年美国经济学家安索夫的著作《企业战略论》问世，并广泛应用于企业、经济、教育和科研等领域后开始的。

什么是企业战略？在西方战略管理文献中没有一个统一的定义，不同的学者与管理人员赋予企业战略以不同的含义。有的认为，企业战略应包括企业的目的或目标，即广义的企业战略；有的则认为企业战略不应包括这一内容，即狭义的企业战略。

企业战略是一个企业对外部环境充分把握，清楚认识自身的业务能力和可利用资源，在此基础上做出的关于企业未来定位、走向和结构的谋略与规划。战略的制定过程是对环境变迁的反应，是企业把握环境机遇，避免环境变化带来的威胁，寻求企业成长的过程。

通过对企业战略的分析，应该理解：企业生存的理由在于企业能够提供消费者所需的产品与服务，而不是即使做得很好但消费者已经不再需要的产品与服务。我们生活在一个技术飞速发展，社会生活方式、需求结构与消费结构都在不停变化的时代。企业必须不断改变自己，动态地去适应时代的变革，把事情做好。

（二）企业战略的特点

1. 质变性

企业战略是战略管理者在把握外部环境本质或根本性变化的基础上做出的方向性决策。它不是企业对环境变化的应急反应，也不是以各种经济指标或财务数据为基础的逻辑推理的产物，而是对企业经营活动做出的具有质变性的决策，其目的是要创造未来。

2. 全局性

企业战略是对企业各项经营活动整体的规划。它是以企业的全局为研究对象确定企业的总体目标，规定企业的总行动，追求企业的总效益。它不是各项活动的简单汇总，而是在综合平衡的基础上，确定优先发展的项目，权衡风险大小，实现企业整体结构和效益的优化。这是企业战略的基本特征。

3. 方向性

企业战略规定着企业未来一定时期内的基本方向，企业短期的经营活动都应在这一基本方向的指导下进行，并对战略的实施提供保证。企业战略不是对经营活动或外部环境短期波动做出的反应，也不是对日常经营活动（如产量、质量、生产成本、竞争者的价格等）做出的反应。企业战略关心的是"船只航行的方向，而不是眼下遇到的波浪"。

4. 竞争性

企业战略的核心内容之一是要变革自身的经营结构，形成差别优势，以奠定未来竞争的基础。同时，企业战略不仅具有主动适应未来环境变化的功能，还具有改造未来环境的功能。在这方面的能力越强，未来的竞争能力也就越强，即战略具有创造性和革新性。

5. 稳定性

依照科学程序制定的企业战略，一般不便轻易调整。对于战略实施过程中出现的多种不确定因素，一般只通过调整具体的战术或策略解决。

（三）企业战略应解决的问题

1. 发展方向

发展方向是指由企业宗旨或使命所决定的未来的产品结构和目标市场的发展方向，也称为企业未来的经营范围或经营领域。经营领域就是企业的生产领域和市场领域的组合。其中，市场领域可以是整体市场，也可以是细分市场，如图2-1所示。

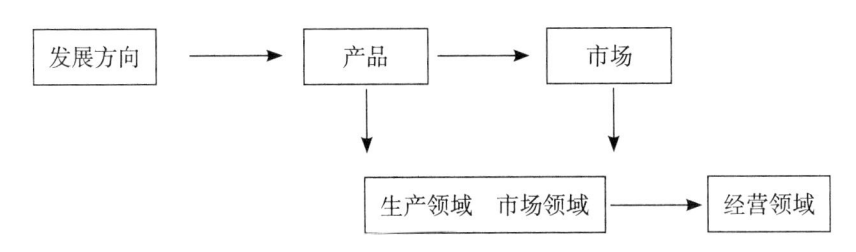

图2-1 企业的发展方向与经营领域

2. 经营结构

经营结构是指由企业的使命和经营领域所决定的各种资源和能力的配置状况,可分为软结构和硬结构两类。前者指企业的价值观念、经营思想、企业文化、公共关系等的组合,后者指企业的各种经济资源结构、生产技术结构和组织结构。所以,经营结构实质上反映了企业在一定价值观念和经营思想的指导下,围绕所从事的经营领域采取的资源配置状况。

从以上两个方面来看,也可以把企业战略理解为:企业根据环境和竞争形势的变化,做出的关于企业未来所要从事的经营领域及投入这些领域的方式和强度的决策和行动的总称。

二、企业战略的构成要素

(一)企业的使命和目标

每个企业从建立开始,就应该承担相应的责任并履行相应的使命。企业使命是指企业区别于其他类型组织而存在的原因或目的,它不是企业经营活动具体结果的表述,而是为企业提供的一种原则、方向和哲学。

1. 企业宗旨

企业宗旨(或称为企业使命)是关于企业存在的目的或对社会发展的某一方面应做出的贡献的陈述。它不仅要陈述企业未来的任务,而且要阐明为什么要完成这些任务,以及完成任务的行为规范是什么。尽管企业的宗旨在各个企业中是千差万别的,但它必须要回答两个基本问题:一是我们这个企业是做什么和按什么原则做的;二是我们这个企业应该树立什么样的社会形象,以区别于同类企业。

企业宗旨应包括以下三个方面的基本内容。

(1)企业形成和存在的根本目的。这一内容提出了企业的价值观念,即企业的基本责任和期望在某方面对社会的贡献。企业生存目的的定位应该说明企业要满足顾客的某种需求。决定企业经营什么的是顾客,只有顾客愿意购买企业的产品,企业才能将资源变为财富。顾客对产品及其价值的看法决定企业经营什么、生产什么及企业的前途。顾客所购买的并不是产品本身，而是产品所提供的效用，这种效用能满足他们的某种需要，所以顾客是企业存在的基础和生存的理由。在此基础上，企业才能不断地开发新技术和新产品，使企业在不断的创新中得到发展。

（2）为实现基本目的应从事的经营活动范围。这一内容说明企业属于什么特定行业和领域。为了清楚地表达企业的共同经营主线，其经营活动范围常常需要分行业进行描述。这一内容规定着企业在战略期的生产范围和市场。

（3）企业在经营活动中的基本行为规范和原则。这一内容阐明企业的经营思想，它主要是通过企业对外界环境和内部条件的认识和态度来体现的。对外可以包括企业处理与顾客、社区、政府等关系的指导思想；对内包括企业对其投资者、员工及其他资源的基本观念。一般来说，企业的这种经营哲学与经营观念由于受文化的影响具有较大的共性。同时，不同国家的企业在管理理念上也表现出明显的差异性。

在实践过程中，很多企业家和学者将企业宗旨看成是企业战略的重要组成部分。这是因为以下三点。首先，它可以明确提出企业的价值标准，确保企业内部对企业的目的和实现目的的行动达成共识。其次，为企业战略管理者确定战略目标、选择战略、制定政策、有效利用资源等提供方向性的指导。企业的目的是一个无时间限制的、永恒的方向性概念，而目标则是一定期限内应达到的水平。最后，据此可树立区别于其他企业的企业形象，因为它反映了企业处理自身与各方面关系的观点和态度。

2. 企业目标

企业目标是企业战略构成的基本内容，主要表明企业在实现其使命过程中所要达到的长期结果。由于它涉及企业长期的、整体的发展及应达到的水平，所以比起近期经营目标更为全面、复杂。为了保证实现企业的长期基本目标，必然要求企业在产品、市场内部经营结构和生产率等方面都应达到相应的水平。

（二）经营范围

经营范围是指企业从事生产经营活动的范围，是产品领域和市场领域的集合，所以又称为经营领域。它反映了企业与外部环境相互作用的程度。企业应该根据自己所处的行业、自己的产品和市场确定自己的经营范围，只有产品与市场相结合，才能真正形成企业的经营业务。

确定或描述企业的经营领域一般有三种形式：从生产的产品的角度进行描述，从进入的市场的角度进行描述，从生产的产品和进入的市场相结合的角度进行描述。

确定企业的经营范围，应当反映企业任务或战略意图。所以，应解决以下三个方面的问题。企业应从事何种业务？应集中于何种顾客需求或细分市场？企业的长期战略意图是什么？

（三）竞争优势

竞争优势是指企业在所从事的经营领域中与竞争对手相比较时，强于竞争对手的市场地位。寻求和确立企业在各领域中起主导作用的重点，创造相对优势，并通过重点集中产生放大效应，形成可持续发展的局面。这就要求战略管理者要仔细考察和分析企业每一项经营业务的市场机会，以及与竞争对手相比所拥有的独特能力。这里，具体应考虑以下几个方面的问题。企业如何达到期望的目标增长水平？能否通过扩展现有重点业务，达到期望的增长？能否通过使业务多样化达到将来的增长目标？

（四）资源配置

从经济学的观点来看，资源是有限的或短缺的，而需求是无限的。宏观上看，资源配置就是指社会在不同的部门和企业之间，以经济有效运行为原则所进行的社会资源的分配与组合，并对经济资源要素在各种可能的生产用途之间做出合理的选择，以获得最佳效益的过程。资源的有效性和需求的无限性，是人类社会发展中面临的最直接的问题。

企业的资源配置是指企业根据战略期所从事的经营领域，以及确立竞争优势的要求，对其所掌握的各种经济资源在质和量上的分配。其目的是形成战略所需要的经营结构或战略体系。具体来说，应考虑以下问题。企业如何在各业务（领域）之间分配其有限的资源，以获取最高的回报？就每项业务的各种可能选择的战略而言，哪种战略能带来最大的投资回报？如何有效地解决资源短缺问题？

（五）增长向量

增长向量说明企业的成长方向，主要表明企业从原有产品与市场组合向未来产品与市场组合移动的方向，如表2-1所示。

企业根据所处环境与自身实力的分析判断，可以选取表中9个发展方向中的任意1个。在表2-1中，既有在一个行业发展的方向，也有跨行业甚至多个行业发展的方向，越偏向右下方，难度和风险越大，但是其发展速度可能越快。

表2-1 企业增长的向量矩阵

	原有产品	相关产品	全新产品
原有市场	市场渗透	产品发展	产品革新
相关市场	市场开拓	多元化	产品发明
全新市场	市场转移	市场创作	创新发展

（六）协同作用

协同作用，是指企业各经营领域之间联合作用所产生的整体效果大于各自单独进行时效果之和的效应，即整体大于部分之和的效应。

协同作用是衡量企业新产品与市场项目的一种变量。如果企业的共同经营主线是进攻型的，该项目就应该运用企业最重要的要素，如销售网络、技术等；如果经营主线是防御型的，该新项目则要提供企业所缺少的关键要素。同时，协同作用在选择多元化经营战略上，也是一个关键变量，它可以使各种经营领域形成一种内在的凝聚力。

综合来看，以上六个企业战略构成要素更深层的意义还在于企业应考虑如何寻求获利能力。企业的使命和目标指明了企业发展的方向；经营范围确定了企业获利能力的范围；竞争优势指出了企业获取机会的特征；资源配置确定了企业各种经济资源的合理配置；增长向量指出了企业经营领域扩展的方向；利用协同作用来挖掘企业总体获利能力的潜力，它们之间相辅相成，共同构成企业战略的内核。

三、企业战略的层次

对于一个典型的现代企业，其战略一般包括公司总体战略、经营单位战略（事业部战略）和职能战略。相应地，企业战略管理也可以划分为公司战略管理、经营单位（事业部）战略管理和职能战略管理三个层次，如图2-2所示。

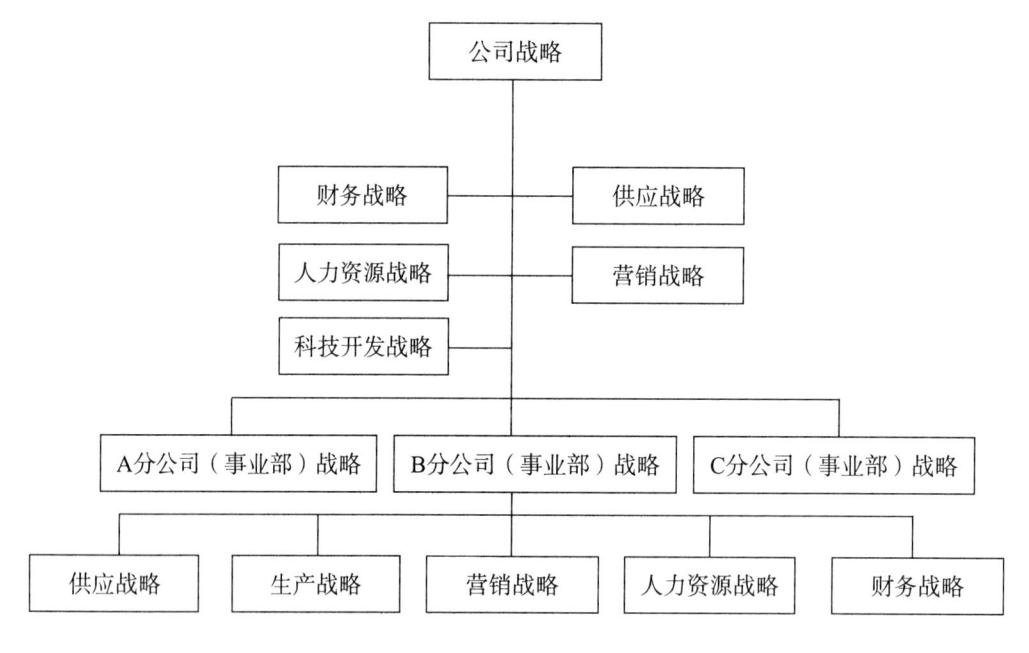

图2-2 企业战略管理层次

（一）公司总体战略

公司总体战略的研究对象是一个由相对独立的业务或战略经营单位组合而成的整体。这一层次的战略是一个企业整体战略的总纲，是企业最高管理层指导和控制企业一切行为的最高纲领，其主要内容包括企业战略决策的一系列最基本的因素，是企业存在的基本逻辑关系或基本原因。

概括起来说，公司总体战略主要强调两个方面的问题。一是回答"我们应该做什么业务"，即确定企业的使命与任务，明晰企业的产品与市场领域，以及企业经营活动的范围和重点。二是回答"我们怎样去发展这些业务"，即在企业不同的战略经营单位之间如何配置企业有限的资源，以及确定什么样的成长方向。

从企业战略管理的角度来说，公司总体战略主要表现在以下几个方面：企业使命的确定，即企业最适合从事哪些业务领域，为哪些消费者服务，企业向何种经营领域发展，战略经营单位的划分及战略事业的发展规划；关键战略经营单位的战略目标。

公司的总体战略主要是回答公司应该在哪些经营领域里进行生产经营活动的问题。因此，从战略的构成要素来看，企业的使命和目标、经营范围和资源配置是总体战略中的主要构成要素。竞争优势和协同作用则因企业不同而需要进行具体分析。在生产相关产品的多元化经营的企业里，竞争优势和协同作用很重要，它们主要是解决企业内部各产品的相关性和如何在市场上进行竞争的问题。在多个行业联合的大企业里，竞争优势和协同作用相对来说不是很重要，因为企业中各经营业务之间存在一定的协调性，可以共同形成整体优势。

（二）经营单位战略

经营单位战略也称为经营领域战略。它是在总体性的公司战略的指导下，经营管理某一个特定的战略经营单位的战略计划，是公司总体战略之下的子战略。企业在组织上把具有共同战略因素的若干事业部或其中某些部分组合成一个经营单位，每个战略经营单位一般都有自己独立的产品和细分市场。在企业内，如果各个事业部的产品和市场具有特殊性，也可以视其为独立的经营单位。经营单位战略是企业的某一特定经营领域的战略，主要是针对不断变化的外部环境，在各自的经营领域里有效地竞争。为了保证企业的竞争优势，各经营单位要有效地控制资源的分配和使用。同时，经营单位战略还要协调各职能层次的战略，使之成为一个统一的整体。

具体来说，经营单位战略是指企业在某一行业或某一特定细分行业内，确立其市场地位和发展态势的战略。对于大型企业或企业集团，一个经营单位战略表现为某一战略单位，如事业部或分公司在其特定经营领域的战略；在中小企业则表现为某一特定产品在其特定市场的战略。这一战略涉及的是企业在某一经营领域中如何竞争、在竞争中扮演什么样的角色，以及各战略经营单位如何有效地利用企业分配的资源等问题。

从战略管理的角度看，经营单位战略应解决好以下问题：如何贯彻企业使命；各经营领域发展的外部环境中的机会与威胁分析；各经营领域的内部条件分析，以便认识自身的优势与劣势；战略目标的制定；明确各经营领域的战略重点、战略阶段和主要战略措施。

（三）职能战略

职能战略是公司总体战略和经营单位战略在各专业职能方面的具体化，它是企业内部主要职能部门的短期战略计划。职能战略可以使各职能部门的管理人员更加清楚地认识到本职能部门在实施企业总体战略中的责任和要求，使笼统的战略内容更加明确化，以指导各项具体的业务决策，有效地运用研究开发、营销、生产、财务、人力资源等方面的经营职能，为实施公司总体战略和经营单位战略服务。这一层次的战略重点是提高企业资源的利用效率，使企业资源的利用效率最大化。职能层次的战略可分为营销战略、人力资源战略、财务战略、生产战略、供应战略等。

从战略管理的角度看，职能战略应着力解决以下问题：如何贯彻企业发展的总体目标，职能目标的论证及细分，确定其战略重点、战略阶段和主要战略措施，战略实施中的风险分析和应变能力分析。

从实施意义上讲，只有在对各专业职能充分探讨的基础上制定出职能战略，公司总体战略才得以形成。因为它既涉及在各专业经营职能之间如何形成战略体系，也涉及各职能如何利用所分配的资源及其利用的效果，来保证战略的实施。所以，职能战略若不明确，公司总体战略就会仅仅是一个空中楼阁。

通过表2-2中战略管理三个层次特点的比较，可以概括地认识三个战略层次的特点。

表2-2 战略管理三个层次特点的比较

比较内容	战略层次		
	公司总体战略	经营单位战略	职能战略
管理要素	产品与市场领域成长方向	竞争优势	协同效应
管理者	高层	中层	基层
性质	观念型	中间型	执行型
明确程度	抽象	中间	确切
可衡量程度	以判断评价为主	半定量化	通常可定量
频率	定期或不定期	定期或不定期	定期
所起作用	开创型	中等	改善增补型
与现状的差距	大	中	小
承担的风险	较大	中等	较小

四、企业管理的划分

从投入产出要素的角度，可以将企业管理划分为生产管理阶段、经营管理阶段和战略管理阶段。

（一）生产管理阶段

在生产管理阶段，突出的特征是现场管理，即只考虑如何高效率地生产。这一阶段企业管理的核心问题是如何提高生产效率，提高产量，降低成本。企业一般以较为单一的产品满足市场的需要，整个市场的需求基本上是被动的，消费者没有太大的选择余地。

（二）经营管理阶段

这一阶段经营管理的特征表现为经营管理基本上还停留在缺乏大目标的追求效率与效益的阶段上，而追求短期、局部利益的现象较为严重。

这一阶段企业管理的重点是从投入产出的角度考虑问题，分析和研究市场需求，并在此基础上确定企业的产品线。

（三）战略管理阶段

一个企业能否成功，是看其能否灵活地运用战略管理，将各种资源变成社会所需要的产品和服务。特别是社会经济的发展对现代企业的要求越来越高，这也对企业的经营管理提出了更高的要求。

现代企业的特征主要有以下五个方面：企业的规模日益壮大，管理层次越来越多，管理幅度也越来越大；企业与社会的联系程度更加紧密，企业所承担的社会责任也不断提高；企业已由一业为主向多元化经营发展；企业竞争已从本地化、国内化过渡到国际化、全球化；企业所面临的环境更加复杂多变，多因素的影响大大胜于单一因素的作用，而且每种因素的变化节奏明显加快。

由此可见，战略管理的产生有着深刻的社会和历史根源及经济发展方面的迫切要求。战略管理时代的到来有其自身的必然性，正是由于各种要素的综合作用，战略管理得到了巨大的发展。若从企业投入产出要素进行分析，管理的发展过程可用图2-3简单地表示。

图2-3 管理的发展过程简图

战略管理的产生是社会经济发展的必然。由于企业经营环境的不确定性和复杂性，企业为了生存与发展，必须对周围的各项要素及未来的投入与产出进行分析。这样，战略管理产生了。

战略管理与经营管理的主要区别可概括为：同样面对变化的环境条件，经营管理更偏重于依据原有的资源配置经验和产出方面的经验，来适应外部环境的变化；而战略管理则更偏重于通过没有现成经验可依据的未来投入和产出的组织管理，一方面使企业适应环境的变化，另一方面创造和改造环境。

五、企业战略管理过程

企业战略管理是依据企业外部环境与内部条件的变化，制定战略和实施战略，并根据执行情况的评价和反馈调整、制定新战略的过程。

战略管理的基本思路有以下四个方面。①分析环境：认清优势和劣势，并提出战略问题，了解企业所处的环境和竞争地位。②制定战略：根据对企业内外条件的分析，确定宗旨、目标和政策，具体从经营领域、竞争优势、经营结构等方面进行战略规划，并对可行的战略方案进行评价和选择。③战略实施：采取一定的步骤、措施，发挥战略的指导作用，实现预期的战略目标，并完善战略实施的计划体系，从战略实施的组织结构上进行保证。④战略的评价与控制：进行战略的评价与控制，并将信息反馈到以前的各阶段。

第二节 企业战略环境分析

一、宏观环境分析

构成企业宏观环境的因素有很多。宏观环境因素分析主要是确认和评价政治、经济、社会文化、科技等因素对企业战略目标和战略选择的影响。

（一）政治环境因素分析

政治环境因素是指对企业经营活动具有现实的或潜在的作用与影响的政治力量、政治制度、体制、方针政策，同时也包括对企业经营活动加以限制和要求的法律和法规等。这些因素常常制约、影响企业的经营行为，尤其是影响企业较长期的投资行为。

1. *政治环境因素分析的内容*

具体来说，政治环境因素包括以下内容。

（1）企业所在地区和国家的政局稳定状况。

（2）执政党所要推行的基本政策的连续性和稳定性。政府通过各种法律、政策保护消费者，保护环境，调整产业结构，引导投资方向。

（3）政府对企业行为的影响。作为供应者，政府拥有无法比拟的自然资源、土地和国家储备等，它的决定与偏好极大地影响着一些企业的战略；作为购买者，政府很容易培育、维持、增强、消除许多市场机会。

（4）法律对企业的影响。法律是政府用来管理企业的一种手段。一些政治行为对企业行为有直接的影响。一般来说，政府主要是通过制定法律和法规间接影响企业的活动。法律制度对企业的管理行为有着不同的要求。针对企业管理的法律政策很多，这些法律政策的主要目的有四个：一是反对不正当竞争，保护企业利益；二是反对不正当商业活动，保护消费者权益；三是保护社会整体利益不受损害；四是促进整个社会经济全面发展。

（5）各种政治利益集团对企业活动产生影响。一方面，这些集团会通过代表发挥自己的影响，政府的决策会去适应这些力量；另一方面，这些集团也可以对企业施加影响，如诉诸法律、利用传播媒介等。因此，企业必须花费时间、财力与各种利益集团交涉。

此外，政治环境因素中还包括国际政治形势及其变化，主要包括国际政治局势、国际关系、目标国的国内政治环境等。对一个开放的国家来说，国际政治形势的影响是显而易见的。

2. 政治环境因素对企业影响的特点

政治环境因素直接影响着某些商品的生产和销售，对企业的影响具有刚性约束的特征，是保障企业生产经营活动的基本条件。

（二）经济环境因素分析

经济环境因素是指一个国家或地区的经济制度、经济结构、物质资源状况、经济发展水平、消费结构与消费水平以及未来的发展趋势等状况。经济环境因素对企业生产经营的影响更为直接、具体。

1. 企业的经济环境的构成

企业的经济环境主要由社会经济结构、经济发展水平、经济体制、宏观经济政策、社会购买力、消费者收入水平和支出模式、消费者储蓄和信贷等要素构成。

（1）社会经济结构是指国民经济中不同的经济成分、不同的产业部门以及社会再生产各方面在组成国民经济整体时相互的适应性、量的比例及排列关联的状况。社会经济结构主要包括产业结构、分配结构、交换结构、消费结构、技术结构等五个方面，其中最重要的是产业结构。

（2）经济发展水平是指一个国家经济发展的规模、速度和所达到的水准。反映一个国家经济发展水平的常用指标有国民生产总值、国民收入、人均国民收入、经济发展速度和经济增长速度。

（3）经济体制是指国家经济组织的形式。经济体制规定了国家与企业、企业与企业、企业与各经济部门的关系，并通过一定的管理手段和方法，调控或影响社会经济流动的范围、内容和方式等。

（4）宏观经济政策是指国家、政党制定的一定时期国家经济发展目标实现的战略和策略，它包括综合性的全国经济发展战略和产业政策、国民收入分配政策、价格政策、物资流通政策、金融货币政策、劳动工资政策和对外贸易政策等。

（5）社会购买力是指一定时期内社会各方面用于购买产品的货币支付能力。国民收入的使用主要由消费和积累两部分构成。其中，消费部分又分为个人消费和社会消费。前者形成居民购买力，后者形成社会集团购买力。市场规模归根结底取决于购买力的大小。调查社会购买力水平，要注意国家经济政策和分配政策带来的居民购买力的变化和不同地区居民货币收入的变动情况。

（6）消费者支出模式最终取决于消费者的收入水平。随着消费者人均收入增加，消费者用于购买食品方面的支出比重会有所下降，而用于服装、交通、娱乐、卫生保健等方面的支出比重会上升。调查消费者支出模式，除要考虑消费者收入水平外，还要考虑不同国家、地区的生活习惯、价值观念以及家庭生命周期的不同阶段等因素。

（7）消费者储蓄的最终目的是消费，它来源于消费者货币收入。但在一定时期内，消费者储蓄水平直接影响消费者的本期货币支出和潜在购买力水平。所以消费者储蓄的增减变动会引起市场需求规模和结构的变动，从而对企业的营销活动产生影响。调查消费者储蓄情况，应注意政策变动、利率变动、通货膨胀水平等因素的影响。

2. 反映宏观经济运行状况的指标

宏观经济运行状况可通过一系列的指标来反映，如经济增长率、利息率、通货膨胀率、汇率等。

（1）经济增长率。这是宏观经济环境的基础，在此，企业主要应当了解国民经济目前处于什么阶段，是产业结构调整时期、经济低速增长时期还是高速增长时期，并具体分析有关的经济指标，如国民生产总值、国民收入、国家预算收入的水平及其分配的状况等。一般来说，国民生产总值增长速度较快，居民用于个人消费的支出相应增加，从而提供了开辟新市场或开办新企业的机遇。反之，居民个人消费会有所减少，不利于企业的增长。

（2）利息率。利息率对企业的影响可从两个角度看。一方面，利息率直接影响企业的销售市场状况。较低的长期利息率对零售业十分有利，因为它意味着鼓励居民的短期消费；而较高的长期利息率对建筑业或汽车制造业有利，因为它鼓励居民购买长期耐用消费品。另一方面，利息率还会直接影响企业的战略抉择。一般来说，利息率低有利于企业实施兼并战略，利息率高则不利于企业采用积极进取的增长战略。

（3）通货膨胀率。对大多数企业而言，较高的通货膨胀率是一个不利因素，高通货膨胀率导致了企业经营的各种成本（如购买原料费用、劳务费用、工资等）相应增加。同时，长期的通货膨胀率既抑制企业的发展，又会促使政府采取放慢增长速度的紧缩政策，导致整个宏观经济环境不利于某些企业发展。较高的通货膨胀率对某些企业也可能是一种机遇。

（4）汇率。汇率是一国货币购买力的表现形式。在国际市场上，它直接影响企业成本，进而影响企业国际战略的制定。一般而言，如果本国货币购买力较高，企业将乐意购买外国的产品与原材料，或到外国投资，开办独资企业或合营企业。反之，如果本国货币购买力较低，则会降低企业到海外投资、贸易或开发新市场的热情。

另外，经济环境因素中还包括居民收入因素（这可进一步细分为名义收入、实际收入、可支配收入以及可随意支配收入等）、消费支出模式和生活费用、经济体制、金融制等。

企业的经济环境因素分析就是要对以上的各个要素进行分析，运用各种指标，准确地分析宏观经济环境对企业的影响，从而制定正确的企业经营战略。

（三）社会文化环境因素分析

社会文化环境包括一个国家或地区的社会性质、人们共享的价值观、文化传统、生活方式、人口状况、教育程度、风俗习惯、宗教信仰等方面。这些因素是人类在长期的生活和成长过程中逐渐形成的，人们总是自觉不自觉地接受这些准则。

1. 文化传统

文化传统是一个国家或地区在较长历史时期内所形成的一种社会习惯，它是影响人们活动的一个重要因素。文化环境对企业的影响是间接的、潜在的和持久的。文化的基本要素包括哲学、宗教、语言文字、文学艺术等。它们共同构筑成文化系统，对企业文化有重大的影响。哲学是文化的核心部分，在整个文化中起着主导作用；宗教作为文化的一个侧面，在长期发展过程中与传统文化有着密切的联系；语言文字和文学艺术是文化的具体表现，是社会现实生活的反映，它们对企业职工的心理、人生观、价值观、性格、道德及审美观点的影响及导向是不容忽视的。

2. 价值观

价值观是指社会公众评价各种行为的观念标准。不同的国家和地区，其价值观是不同的。例如，一般西方国家价值观的核心是个人的能力与事业心；部分东方国家价值观的核心是强调集体利益，日本、韩国等国的企业注重内部关系的融洽、协调与合作，形成了东方企业自己的高效率模式。

3. 社会发展趋向

近年来，社会环境方面的变化日趋显著。这些变化打破了传统习惯，使人们重新审视自己的信仰、追求和生活方式，影响着人们的穿着款式、消费倾向、业余爱好以及对产品与服务的需求，从而使企业面临着严峻的挑战。现代社会发展的倾向之一，就是人们对物质生活的要求越来越高。一方面，人们已从"重义轻利"转向注重功利、注重实惠，产品的更新换代日益频繁，无止境的物质需求给企业发展创造了外部条件。另一方面，随着物质水平的提高，人们产生了更加强烈的社交、自尊、信仰、求知、审美、成就等较高层次的需要。人们希望从事能够充分发挥自己才能的工作，使自己的潜力得到充分发挥。

4. 社会各阶层对企业的期望

社会各阶层包括股东、董事会成员、原材料供应者、产品销售机构人员及其他与企业有关的阶层。这些阶层对企业的期望是各不相同的。例如，股东集团评价战略的标准主要是看投资回收率、股东权益增长率等；企业工作人员评价战略的标准主要是看工资收益、福利待遇及其工作环境的舒适程度等；消费者则主要关心企业产品的价格、质量、服务态度等；至于政府机构，它们评价企业的立足点，主要看企业经营活动是否符合国家的政策、法规。

5. 人口因素

人口因素主要包括人口总数、年龄构成、人口分布、人口密度、教育水平、家庭状况、居住条件、死亡率、结婚率、离婚率、民族构成以及年龄发展趋势、家庭结构变化等。

人口因素对企业战略的制定有重大影响。人口总数直接影响社会生产总规模；人口的地理分布影响企业厂址的选择；人口的性别比例和年龄结构在一定程度上决定了社会需求结构，进而影响社会供给结构和企业生产结构；人口的教育文化水平直接影响着企业的人力资源状况；家庭户数及其结构的变化与耐用消费品的需求和变化趋势密切相关，因而也影响耐用消费品的生产规模。

（四）科技环境因素分析

企业的科技环境指的是企业所处的社会环境中的科技要素及与该要素直接相关的各种社会现象的集合。科学技术是最引人注目的一个因素，新技术革命的兴起影响着社会经济的各个方面。人类社会的每一次重大进步都离不开重大科技革命。企业的发展在很大程度上也受到科学技术方面因素的影响，包括新材料、新设备、新工艺等物质化的硬技术和体现新技术新管理的思想、方式和方法等信息化的软技术。一种新技术的出现和成熟可能会导致一个新兴行业的产生。具体来说，科学技术迅猛发展给企业带来的影响表现在以下几个方面。

（1）科学技术的迅速发展，使商品从适销到成熟的时间不断缩短，大部分产品的市场生命周期有明显缩短的趋势。

（2）技术贸易的比重加大。

（3）劳动密集型产业面临的压力将加大。
（4）发展中国家劳动费用低的优势在国际经济联系中将被削弱。
（5）流通方式将更加现代化。
（6）生产的增长越来越多地依赖科技的进步。
（7）对企业的领导结构及人员素质提出更高要求。

二、微观环境分析

企业微观环境主要包括产业环境和市场环境两个方面。产业生命周期、产业结构、市场结构与竞争、市场需求状况、产业内的战略群体和成功关键因素分析都是微观环境分析的重要内容。

（一）产业生命周期

产业的生命周期是指从行业出现直到行业完全退出社会经济活动所经历的时间。产业发展周期主要包括初创阶段（也称幼稚期）、成长期、成熟期和衰退期。只有了解产业目前所处的生命周期阶段，才能决定企业在某一产业中应采取何种策略，才能进行正确的投资决策，对企业在多个产业领域的业务进行合理组合，提高整体盈利水平。

（二）产业结构

某一行业中的企业其盈利与否及盈利大小一般取决于两个基本因素：一是所处行业的盈利潜力，又称行业吸引力；二是其在行业中的地位。一般来说，一个行业的盈利潜力并非由其产品外观或该产品技术含量的高低决定的，而由其内在的经济结构或竞争格决定。

美国哈佛大学商学院教授波特指出，一个行业的竞争远不止现有竞争对手之间的竞争，而是存在着五种基本的竞争力量——新加入者的威胁、替代品的威胁、购买商讨价还价的能力、供应商讨价还价的能力和行业内企业的竞争。这五种基本竞争力量的状况及其综合强度，决定着行业的竞争激烈程度，同时也决定着该行业的盈利潜力。一个行业的经营单位，其竞争战略目标应是在此行业中找到一个位置，在这个位置上，该企业能较好地防御五种竞争力量。或者说，该企业能够对这些竞争力量施加影响，使它们有利于本企业。因此，企业在制定经营战略时，应透过现象抓本质，分析每个竞争力量的来源。对竞争力量基本来源的分析，有助于弄清企业生存的优势和劣势，有助于寻求本企业在行业中的有利地位。正因为如此，行业结构分析是制定经营战略的基础工作。

（三）市场结构与竞争

经济学家对市场结构进行了分类，即完全竞争、垄断竞争、寡头垄断和完全垄断四种市场结构，这有助于对市场竞争性质加以正确估计。

（四）市场需求状况

可以从市场需求的决定因素和需求价格弹性两个角度分析市场需求。人口、购买力和购买欲望决定着市场需求的规模，其中生产企业可以把握的因素是消费者的购买欲望，而产品的价格、差异化程度、促销手段、消费者偏好等影响着购买欲望。影响产品需求价格弹性的主要因素有产品的可替代程度、产品对消费者的重要程度、购买者在该产品上的支出占总支出的比重、购买者转换到替代品的转换成本、购买者对商品的认知程度以及对产品互补品的使用状况等。

（五）产业内的战略群体

确定产业内所有竞争对手的战略各方面的特征是产业分析的一个重要方面。一个战略群体是指某一个产业中在某一方面采取相同或相似战略的各企业组成的集团。战略群体分析有助于企业了解自己的相对战略地位和企业战略变化可能产生的竞争性影响，使企业更好地了解战略群体竞争状况，了解战略群体内企业竞争的主要着眼点，预测市场变化和发展战略机会等。

（六）成功关键因素

作为企业在特定市场获得盈利必须拥有的技能和资产，成功关键因素可能是一种价格优势、资本结构或组合，以及纵向一体化的行业结构。不同产业的成功关键因素存在很大差异，同时随着产品生命周期的演变，成功关键因素也会发生变化，即使是同一产业中的各个企业，也可能对该产业中的关键因素有不同侧重。

三、企业内部环境分析

内部战略环境是企业内部与战略有着重要关联的因素，是企业经营的基础，是制定战略的出发点、依据和条件，是竞争的根本。企业内部环境或条件分析的目的在于掌握企业历史和目前的状况，明确企业所具有的优势和劣势。它有助于企业制定有针对性的战略，有效地利用自身资源，发挥优势，同时避免企业的劣势。企业内部环境分析的内容包括很多方面，有组织结构、价值链、核心竞争力等，这里重点探讨核心竞争力分析。

当今社会越来越多的企业把拥有核心能力作为影响企业长期竞争优势的关键因

素。越来越多的人认为，如果企业有意在未来的市场上获取巨大的利润，就必须建立一种能对未来顾客所重视的价值起巨大作用的核心能力，然而在某一重要的核心能力方面建立起世界领先地位，绝不是一朝一夕可以做到的。如果企业想在未来竞争中获得成功，现在就必须着手建立企业的核心能力。许多大型的多元化经营的企业目前更注重突出优势和明确主要业务，更加重视企业的核心竞争能力的构建。在产品和市场战略被看作是企业相对短暂的现象的同时，企业核心能力被认为是企业竞争优势持久的源泉。

（一）企业核心能力的概念

近些年来，越来越多的企业注重战略的研究，以保持其竞争优势。企业的战略可以分为市场战略、产品战略、技术战略等，这些职能战略最多只能获取短暂的一时优势，唯有追求核心能力才是使企业永久立于不败之地的根本战略。因此，具有活的动态性质的核心能力是企业追求的长期战略目标，是企业持续竞争优势的源泉。

核心能力，又称核心专长、核心竞争力。根据普拉哈德和哈默尔的定义，核心能力是"组织中的积累性学识，特别是关于如何协调不同的生产技能和有机结合多种技术流派的学识"。其要点是核心能力的载体是企业整体，而不是企业的某个业务部门、某个行业领域；核心能力是企业过去成长过程中积累而产生的，而不是通过市场交易获得的；关键在于"协调"和"有机结合"，而不是某种可分散的技术和技能；存在形态上基本是结构性的、隐性的，而非要素性的、显性的。

综合地说，核心能力是指企业依据自己独特的资源（资本资源、技术资源或其他方面的资源以及各种资源的综合，培育创造本企业不同于其他企业的最关键的竞争能力与优势。这种竞争能力与优势是本企业独创的，也是企业最根本、最关键的经营能力。换言之，也只有在本企业中，这种竞争能力与优势才能最充分地发挥。凭借这种最根本、最关键的经营能力，企业才拥有自己的市场和效益。核心能力是以知识、技术为基础的综合能力，是支持企业赖以生存和稳定发展的根基。

（二）核心能力的构成要素

企业核心能力是一个复杂和多元的系统，它包括以下能力。

1. 研究开发能力

研究与开发（R&D）是指为增加知识总量，以及用这些知识去创造新的应用而进行的系统性创造活动。它包括基础研究、应用研究和技术开发三项。

基础研究主要是为获得关于现象和可观察事实的基本原理而进行的实验性或理论性工作。其作用是既能扩大人们的科学知识领域，又能为新技术的创造和发明提供理论基础。从长远发展来看，基础研究是技术开发的基础工作，同时也是科研实力的重要标的。

应用研究是为了获得新知识而进行的创造性研究，有明确的目的性，是连接基础研究和技术开发的桥梁。

技术开发是指利用从研究和实际经验中获得的知识，或从外部引进的技术、知识，生产新的材料、产品、装置，建立新的工艺和系统，以及对已生产或建立的上述工作做实质性改进而进行的系统性工作。

目前，越来越多的企业重视自身的研发能力，国外一些大公司都有自己专门的研发机构。这是因为企业所需要的一些关键、先进的技术很难从市场上买到，特别是在企业竞争异常激烈的今天，具有最先进技术的企业不会在别人具有模仿能力之前轻易放弃利润丰厚的回报。一些常用的技术就算能买到，其交易的费用也是很高的。尤其是随着科技的发展和企业竞争的需要，企业所需的技术也越来越先进和复杂，其价格也高，企业要获得技术就要付出更大的代价。而且有的技术引进来也不能马上就用上，企业通过内部消化吸收，与本企业生产、管理融合之后，才能取得实效。企业还需要从企业外部不断获取所需要的信息和知识，在理解和消化的基础上创新。技术知识是企业核心能力的重要组成部分，只有通过研究与开发，形成与众不同的技术和知识积累，特别是形成自己的人才积累，别人才能难以模仿和超越。

2. 创新能力发展

竞争和变化是绝对永恒的。一个企业要保持发展和竞争优势，就必须善于总结和提高，永远追求卓越，不断超越自我、进取和创新。所谓的创新就是根据市场和社会变化，在原来的基础上，重新整合人才、资本等资源，研发新产品和有效组织生产，不断创造和适应市场，实现企业既定目标的过程。创新包括技术创新、产品及工艺创新和管理创新。

企业创新的主体是决策层、技术层、中间管理层和生产一线管理层。创新能力表现为创新主体在所从事的领域中善于敏锐地观察原有事物的缺陷，准确地捕捉新事物的萌芽，提出大胆新颖的推测和设想，并进行认真周密的论证，拿出切实可行的方案付诸实施。

企业要取得核心能力，必须准确把握世界科技和市场的发展动态，制定相应的创新战略，使技术创新、管理创新、产品创新等协调展开。在以技术变化迅速和产品周期不断缩短为特征的商业竞争中，创新是保持长久竞争优势的动力源泉，创新能力是一个企业核心能力和旺盛生命力的体现。

3. 将科技成果转化为生产力的能力

只有将创新意识或技术成果转化为工作方案或产品，提高效率和效益，创新和研究开发才是有价值和意义的。转化能力与企业的技术能力、管理能力有很大的关系。转化的过程即创新的过程，转化不仅需要进一步创新，还需要切实可行的方法和步骤。

创新只有转化为实际效益，才是真正意义上的创新。

转化能力在实际应用中表现为其综合、移植、改造和重组的技巧和技能，即把各种技术、方法等综合起来系统化，形成一个可实施的综合方案，将其他领域中的一些可行的方法移植到本企业的管理和技术创新中来，对现有的技术、设备和管理方法等进行改造，并根据企业实际和时代发展进行重新组合，形成新的方法和新的途径，达到更优的效果。

4. 组织协调能力

面对激烈变化的市场，企业要想有优势必须始终保持生产、经营管理的各个环节、各个部门运转协调、统一、高效，特别是在创新方案、新产品、新工艺以及生产目标形成之后，要及时调动、组织企业所有资源，进行有效、有序运作。

这种组织协调能力涉及企业的组织结构、企业战略目标、运行机制、企业文化等多方面，突出表现在企业有坚强的团队精神和强大的凝聚力，即个人服从组织，局部服从全局，齐心协力，积极主动，密切配合争取成功的精神，表现在能根据生产的不同阶段要求，有效组织资源，并使其在各自的位置上正常运转。

5. 应变能力

应变是一种快速反应能力，它包含对客观变化的敏锐感应和对客观变化做出应对策略。客观环境时刻都在发生变化，企业决策者必须具有敏锐感应客观环境的能力，保持经营随着客观环境变化而变化。特别是竞争环境会经常出现无法预料的事件的今天，如某一国家或地区金融危机的发生，某项技术的发明，政府政策的调整等，要把这种变化对企业自身的影响减少到最低程度，企业就必须迅速、准确地拿出应变的措施和办法。应变能力表现为能审时度势、随机应变，在变化中产生应对的策略。

四、战略环境分析方法

企业战略环境分析的方法有很多，比如SWOT分析法、外部因素评价矩阵（EFE）、内部因素评价矩阵（IFE）等都是常用的方法。这里我们仅介绍SWOT分析法，如图2-4所示。

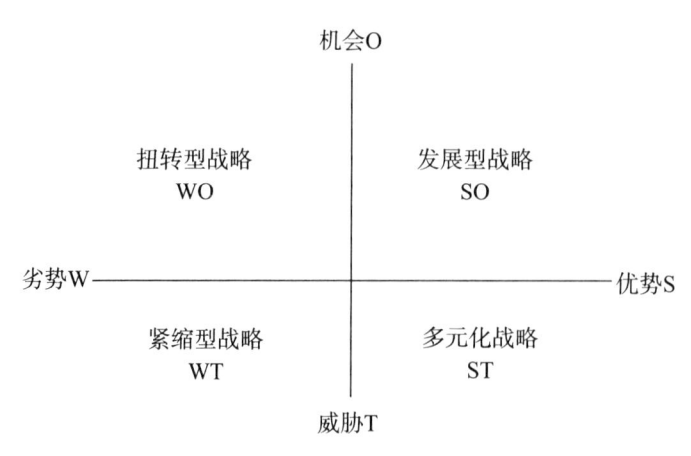

```
        机会O
         |
扭转型战略 | 发展型战略
   WO    |    SO
         |
劣势W ————+———— 优势S
         |
紧缩型战略 | 多元化战略
   WT    |    ST
         |
        威胁T
```

图2-4　SWOT分析象限

SWOT分析法又称为态势分析法，它是20世纪80年代初被提出来的一种能够较客观而准确地分析和研究一个单位现实情况的方法。SWOT四个英文字母分别代表优势（Strengths）、劣势（Weaknesses）、机会（Opportunities）和威胁（Threats）。从整体上看，SWOT可以分为两部分：第一部分为SW，主要用来分析内部条件；第二部分为OT，主要用来分析外部条件。利用这种方法可以从中找出对自己有利的、值得保持的因素，以及对自己不利的、要避开的风险，发现存在的问题，找出解决办法，并明确以后的发展方向。

进行SWOT分析时，主要有以下几个步骤。

（一）分析环境因素

运用各种调查研究方法，分析公司所处的各种环境因素，即外部环境因素和内部环境因素。外部环境因素包括机会因素和威胁因素，属于客观因素；内部环境因素包括优势因素和劣势因素，它们是公司在其发展中自身存在的积极和消极因素，属主观因素，如表2-3所示。

表2-3 ××公司环境因素分析表［机会（O）］

	项目		评价内容	分值/权重	总分值/总权重
优势	内部因素	1	公司相关人员有信心、感兴趣、热情高	1/5	15/27
		2	资金实力强	2/4	
		3	对该产品的销售前景有充分的市场调研和策划	2/5	
		4	公司管理好	4/3	
		5	一定的客户群	2/5	
		6	可以招聘到现成的销售队伍	4/5	
劣势	外部因素	1	没有产品的销售经验	2/4	12/27
		2	对产业发展的前景预测不够	1/5	
		3	没有找到理想的广告和媒体宣传渠道	2/4	
		4	公司所处的地理位置不佳	2/5	
		5	没有非常合适的销售团队	2/4	
		6	对销售该产品的财务分析有技术问题	3/5	
机会	外部因素	1	公司和政府主管部门关系	2/8	16/27
		2	融资渠道多，得到多家金融机构的支持	2/3	
		3	有实力的销售伙伴愿意合作	3/6	
		4	同行业竞争者实力不足	2/3	
		5	本地区生活水平普遍提高，支付能力强	4/6	
		6	消费者对使用本产品表现出浓厚的兴趣	3/4	
威胁	外部因素	1	销售量大增后会遭到竞争对手的报复	3/5	11/27
		2	国家经济前景难以预测	3/4	
		3	竞争对手可能不断增加，抢占现有市场份额	1/7	
		4	国家和地区法规的不确定性	1/5	
		5	会受到消费者的投诉及政府和社会团体的质疑	2/4	
		6	交通工具等基础设施是否满足长远发展	1/5	

（二）构造SWOT矩阵

将调查得出的各种因素根据轻重缓急或影响程度等排序，构造SWOT矩阵，如表2-4所示。在此过程中，将那些对公司发展有直接的、重要的、迫切的、久远的影响因素优先排列出来，而将那些间接的、次要的、不急的、短暂的影响因素排列在后面。

表2-4 SWOT矩阵

外部分析	内容分析	
	优势S 1 2（列出优势） 3	劣势W 1 2（列出优势） 3
机会O 1 2（列出机会） 3	战略SO 1 2（发挥优势，利用机会） 3	战略WO 1 2（克服劣势，利用机会） 3
威胁T 1 2（列出威胁） 3	战略ST 1 2（发挥优势，回避威胁） 3	战略WT 1 2（克服劣势，回避威胁） 3

（三）制订行动计划

在完成环境因素分析和SWOT矩阵的构造后，便可以制订相应的行动计划。制订计划的基本思路是发挥优势因素，克服劣势因素，利用机会因素，化解威胁因素。运用系统分析的方法，将各种环境因素相互匹配起来并加以组合，得出一系列公司未来发展的可选择对策。

第三节 企业战略类型与选择

制定战略是战略管理的核心部分，它在战略分析的基础上来完成。企业战略类型多样、形式各异，各个企业都有一套适合企业自身条件与所处环境及发展要求的独特的战略体系。对于一个企业来说，达成战略目标的战略方案可能有多个，战略决策者就必须对这些战略方案进行评价和比较，从中选择最合适的战略。

一、企业总体战略

企业总体战略是指企业业务发展的方向。企业业务发展的方向本质上体现了企业资源配置的方向与模式。企业总体战略可以划分为稳定型战略、发展型战略和紧缩型战略三种类型。

（一）稳定型战略

稳定型战略是指企业不改变其生产性质、主要产品和为社会提供的服务，在一定时期内企业也并不准备扩大生产规模的一种战略。其核心主要以提高企业现有生产条件下的经济效益为目的。它的优点是风险小，失败的可能性也小，企业的内部经营机制得到完善，企业的产品结构、组织结构及其他各项工作合理化，可以提高企业对外界环境变化的应变能力及抗干扰能力；缺点主要是长期采用此战略，企业发展缓慢，在稳定型战略实施中，企业领导者往往把眼光放在企业内部结构调整上，而对于企业外部环境的变化及提供的机遇容易忽略，在当今行业竞争激烈的市场中也容易被竞争者击败。稳定型战略一般适用于外部环境和内部条件暂时处于劣势或市场不稳定、经营中既无突出优势又无明显有利因素的企业（或者资金、技术、原料供应或销售渠道存在较大困难的企业）。

（二）发展型战略

发展型战略是企业在现有基础水平上向更高一级的方向发展的战略。它是指企业扩大生产规模，并在保持原有主要产品的同时，增加新的产品的生产，挖掘企业的潜力，提高销售量，扩大市场占有率，降低成本，提高盈利能力，超过竞争对手，使经济技术指标超过或达到同行业的先进水平，在提高产品质量、降低物耗、增加经济效益上有大幅度改进的一种战略。其核心是发展壮大。企业为了发展，就必须采取发展型战略。采用发展型战略面临的风险较大，管理者也缺乏对扩大后的企业进行良好管理的经验。因此，采用发展型战略的企业家一般都是开拓型的，敢于承担风险。而且研究战略发展的可行性是制定战略扩张的重要环节，要对企业现有的实力与应付扩张战略可能带来的风险做出正确评估。企业发展型战略包括一元化战略、一体化战略、多元化战略、紧缩型战略等类型。

1. 一元化战略

一元化战略就是指专业化战略。传统理论认为一元化战略是一种存在较大风险的投资与经营战略，其原因就在于特定产业与市场的容量有限，产业的发展有其周期性，相应地，企业集团的发展也将随之陷入不良的周期性波动。但实际上一些采用专业化战略的企业集团，不仅没有陷入不良的周期性波动，反而其在市场竞争中的优势日益强化。

投资的专业化虽不意味着取得竞争优势的必然性，却是竞争优势产生的基础。专业化投资策略的基本点是将企业集团的资源优势聚合于某一特定的产业或产品领域，而不会引起经营结构与市场结构的改变。因此，在专业化投资战略下，资源的聚合意味着企业集团在特定的市场上优势的集中，从而为谋求特定市场的竞争优势、增强风险抗御能力、推进市场领域的拓展提供了充分的资源支持。

2. 一体化战略

一体化战略是指企业充分利用自己在产品、技术、市场上的优势，根据产业或者企业价值链从原材料（甚至从技术开发）到最终产品销售和售后服务的工艺顺序，使企业不断地向深度和广度发展的一种战略。一体化战略主要包含三种类型：业务向原材料生产方向扩展称为后向一体化；业务向销售方向扩展称为前向一体化；将价值链中的某一个环节扩展、做大称为水平一体化。同时，前向一体化与后向一体化又统称为纵向一体化，而水平一体化又称为横向一体化。一体化战略是企业的一个非常重要的成长战略，它有利于深化专业分工协作，提高资源的利用深度和综合利用效率。

3. 多元化战略

多元化战略又称多角化战略或多样化战略，是指企业同时从事两项或两项以上业务的战略。采取多元化战略一方面是来自企业扩张的需要，另一方面是来自企业分散风险的动机。

企业的多元化战略有两种类型：相关多元化与非相关多元化。

相关多元化是指公司即将进入的业务领域与现在正开展的各项业务之间有着明显的关联关系，如相似的技术、共同的市场和分销渠道、共同的生产流程、共同采购等，这些相关业务之间的价值活动能够实现有效共享。宝洁公司是相关多元化最为成功的代表，尽管宝洁公司涉足的产品包括食品、保健品、宠物食品、清洁剂、口腔护理系列、洗发用品系列、纸品系列等，它们都有着不同的竞争者和生产要求，看起来似乎互不相关，但这些产品几乎都使用同样的分销渠道，在同样的零售网络销售，采用同样的市场营销方式，卖给同样的顾客。

非相关多元化则是指进入与现有行业和业务完全不同的领域开展经营，即在企业中增加新的产品或事业部，但这些新增加的产品或事业部与企业原有产品或事业部几乎毫不相关，不存在什么关联关系。通用电气公司是非相关多元化的典型代表，它所涉足的行业多达12种，从飞机发动机到医疗器材，从工业塑料到发电设备，从新闻电视到金融服务，从照明到保险，无所不包，而且这些业务之间几乎完全相关，但可贵的是通用电气公司在其所经营的各个领域都获得了巨大的成功，均保持着行业前三甲的位置。

海尔的多元化战略是相关多元化向非相关多元化发展，其所依赖的核心竞争能力也有一条清晰的脉络，即技术研发能力—核心业务夯实的品牌效应—销售渠道—管理、创新能力。特别是海尔的企业文化和管理创新能力，是在不相关领域发展业务最重要的能力。海尔的相关多元化道路一直被人们认为是非常成功的。海尔通过冰箱的专业化完成了名牌化战略，然后利用品牌优势和强大的营销服务网络，逐步地开始从冰箱做到白色家电，接着从白色家电到黑色家电，最后到米色家电，最终成就了其家电王国。然而，当海尔从1995年起开始其非相关多元化道路后，它的发展受到了人们的质疑。海尔的非相关多元化战略使其从家居用品到手机，从生物制药到物流，从餐饮业到金融业无所不包，跨度之大、涉及的产业之多，让人目不暇接。相比之下，七匹狼走的是一品多牌，以独特的品牌魅力进入男人生活的各个领域——烟草、啤酒、皮革、服饰等。

显然，相关多元化有利于增强企业的竞争优势，但同时也削弱了分散企业风险的能力。而非相关多元化虽然有利于分散风险，但难以形成竞争优势。

实施多元化战略需要考虑的首要问题是进入新的产业，是通过从头起步开始一项新业务的方式，还是以并购目标产业中的某一家公司的方式。选择什么产业进行多元化经营决定了公司的多元化是基于狭窄的几个产业，还是宽范围的多个产业。进入每一个目标产业的方式选择（从头建立一项新的经营或者并购一家现成的公司、一家正在进取的公司或者是一家有着起死回生潜力的困难公司，决定了公司进入每一个选择的产业时开始所处的地位。

4.紧缩型战略

紧缩型战略是指企业缩小生产规模，或取消某些产品的生产，减少企业的投入，封存或卖出部分设备的一种战略。其核心是通过紧缩战略来摆脱企业生存所面临的困境，使财务状况好转，否则企业可能面临倒闭破产的境地。这种战略一般适用于经济不景气、需求紧缩、资源有限、产品滞销、内部矛盾重重、财务状况恶化以及在原经营领域中处于严重不利竞争地位的情况。

紧缩型战略可以分为以下四种类型。

（1）整顿战略（以退为进）：先暂时从现有的水平往后退，等到条件成熟再前进。

（2）削减战略（抽资战略）：减少对某一经营领域的投入，只投入最低限度的经营资源。

（3）放弃战略：就是将经营资源从某一经营领域中抽出。

（4）清理战略（清算战略）：就是企业由于无力偿还债务，通过出售或转让企业的全部资产，偿还债务或停止全部经营业务（只有当其他战略全部失灵时才采用此战略）。

二、基本竞争战略

基本竞争战略是指无论在什么产业或企业都可以被选择采用的战略。波特在《竞争战略》一书中曾经提出过三种基本战略，即成本领先战略、差异化战略和目标集中战略。他认为，企业要获得竞争优势，一般只有两种途径：一是在产业中成为成本最低的生产者；二是在企业的产品和服务上形成与众不同的特色。

（一）成本领先战略

成本领先战略是指企业通过在内部加强成本控制，在研究开发、生产、销售、服务和广告等领域内把成本降到最低限度，成为行业中成本领先者的战略。企业凭借其成本优势,可以在激烈的市场竞争中获得有利的竞争优势。

1. 采用成本领先战略的动因

采用成本领先战略的动因包括以下几个方面。

一是形成进入障碍。企业的生产经营成本低,便为产业的潜在进入者设置了较高的进入障碍。那些生产技术尚不成熟、经营上缺乏规模的企业都很难进入此产业。

二是增强企业讨价还价的能力。企业的成本低可以使自己应付投入费用的增长,提高企业与供应者讨价还价的能力,降低投入因素变化所产生的影响。同时,企业成本低,可以提高自己对购买者讨价还价的能力,以对抗强有力的购买者。

三是领先的竞争地位。当企业与产业内的竞争对手进行价格战时,由于企业的成本低,可以在竞争对手毫无利润的水平上保持盈利,从而扩大市场份额,保持绝对竞争优势的地位。

总之,企业采用成本领先战略可以使企业有效地面对产业中的五种竞争力量,以其低成本的优势,获得高于产业平均水平的利润。

在考虑成本领先战略的实施条件时,一般从两个方面考虑:一是考虑实施战略所需要的资源和技能;二是组织落实的必要条件。在所需要的资源和技能方面,企业、需要的是持续投资和增加资本、提高科研与开发能力、增强市场营销的手段、提高内部管理水平。在组织落实方面,企业要考虑严格的成本控制、详尽的控制报告、合理的组织结构和责任制,以及完善的激励管理机制。

在实践中,采用成本领先战略要想取得好的效果,还要考虑企业所在的市场是否是完全竞争的市场、该行业的产品是否是标准化的产品、大多数购买者是否以同样的方式使用产品、产品是否具有较高的价格弹性、价格竞争是否是市场竞争的主要手段等。如果企业的环境和内部条件不具备这些因素,企业便难以实施成本领先战略。

2. 成本领先战略的风险

企业在选择成本领先战略时还要看到这一战略的弱点。如果竞争对手的竞争能力强,或者发生下面的一些变化,采用成本领先战略就有可能面临风险。

一是竞争对手开发出更低成本的生产方法。例如,竞争对手利用新的技术,或更低的人工成本,形成新的低成本优势,使得企业原有的优势成为劣势。

二是对手采用模仿的办法。当企业的产品或服务具有竞争优势时,竞争对手往往会采取模仿的办法,形成与企业相似的产品和成本,使企业陷入困境。

三是顾客需求的改变。如果企业过分地追求低成本,降低了产品和服务的质量,则顾客的需求会受影响,结果会适得其反,企业非但没有获得竞争优势,反而会处于劣势。

（二）差异化战略

差异化战略是通过提供与众不同的产品和服务来满足顾客的特殊需求，以形成竞争优势的战略。企业形成这种战略主要是依靠产品和服务的特色，而不是产品和服务的成本。但是应该注意，差异化战略不是讲企业可以忽略成本，只是强调这时的战略目标不是成本问题。

1. 采用差异化战略的动因

企业采用这种战略，可以很好地防御产业中的五种竞争力量，获得超过产业平均水平的利润。具体地讲，主要表现在以下几个方面。

一是形成进入障碍。由于产品的特色，顾客对产品或服务具有很高的忠实度，从而该产品和服务具有强有力的进入障碍。潜在的进入者要与该企业竞争，则需要克服这种产品的独特性。

二是降低顾客对价格的敏感程度。由于差异化，顾客对该产品或服务具有某种程度的忠实性，当这种产品的价格发生变化时，顾客对价格的敏感程度不高。

三是增强讨价还价的能力。产品差异化战略可以为企业带来较高的边际收益，降低企业的总成本，增强企业对供应者讨价还价的能力。同时，由于购买者别无其他选择，对价格的敏感程度降低，企业也可以运用这一战略削弱购买者讨价还价的能力。

四是防止替代品的威胁。企业的产品或服务具有特色，能够赢得顾客的信任，便可以在与替代品的较量中比同类企业处于更有利的地位。

企业成功地实施差异化战略，通常需要特殊类型的管理技能和组织结构。例如，企业需要具有从总体上提高某项经营业务的质量、树立产品形象、保持先进技术和建立完善的分销渠道的能力。为实施这一战略，企业需要具有很强的研究开发与市场营销能力的管理人员；同时，在组织结构上，成功的差异化战略需要有良好的结构以协调各个职能领域，以及有能够确保激励员工创造性的激励和管理体制。在这里，企业文化也是一个十分重要的因素，高科技企业格外需要良好的创造性文化。

2. 采用差异化战略的风险

企业在实施差异化战略时，面临两种主要的风险：一是企业没有能够形成适当的差异化；二是在竞争对手的模仿和进攻下，当行业的条件又发生了变化时，企业不能保持差异化。第二种风险经常发生。企业在保持差异化上，普遍存在着形成产品差异化的成本过高、大多数购买者难以承受产品的价格等威胁。

（三）目标集中战略

目标集中战略是指把经营战略的重点放在一个特定的目标市场上，为特定的地区或特定的购买者集团提供特殊的产品或服务。

1. 目标集中战略的特征

成本领先战略与差异化战略面向全行业，在整个行业的范围内进行活动。而目标集中战略围绕一个特定的目标进行密集型的生产经营活动，要求能够比竞争对手提供更为有效的服务。企业一旦选择了目标市场，便可以通过产品差异化或成本领先的方法，形成目标集中战略。就是说，采用目标集中战略的企业，基本上就是特殊的差异化或特殊的成本领先企业。采用目标集中战略的企业由于其市场面狭小，可以更好地了解市场和顾客，提供更好的产品与服务。

目标集中战略与其他两个竞争战略一样，可以防御行业中的各种竞争力量，使企业在本行业中获得高于一般水平的收益。这种战略可以用来防御替代品的威胁，也可以针对竞争对手最薄弱的环节采取行动，需要形成产品的差异化，或者在为该目标市场的专门服务中降低成本，形成低成本优势，或者兼有产品差异化和低成本的优势。在这种情况下，其竞争对手很难在目标市场上与之抗衡。这样，企业在竞争战略中成功地运用目标集中战略，就可以获得超过产业平均水平的收益。应当指出，企业实施目标集中战略，尽管能在其目标市场上保持一定的竞争优势，获得较高的市场份额，但由于其目标市场是相对狭小的，该企业的市场份额的总体水平是较低的。目标集中战略在获得市场份额方面有某些局限性，因此，企业选择目标集中战略时，应该在产品获利能力和销售量之间进行权衡和取舍，有时还要在产品差异化和成本状况中进行权衡。

2. 选择目标集中战略的条件

企业实施目标集中战略的关键是选好战略目标。一般的原则是企业要尽可能地选择那些竞争对手最薄弱的目标和最不易受替代产品冲击的目标。在选择目标之前，企业必须确认，购买群体在需求上存在的差异；企业的目标市场上没有其他竞争对手试图采用目标集中战略；企业的目标市场在市场容量、成长速度、获利能力、竞争强度方面具有相对的吸引力；本企业资源实力有限，不能追求更大的目标市场。

3. 目标集中战略的风险

采用目标集中战略也有一定的风险，主要表现在①竞争对手可能会寻找可与本企业匹敌的、有效的途径来服务于细分目标市场；②购买者细分市场之间的差异减弱会降低进入细分目标市场的壁垒，会为竞争对手采取目标集中战略打开一扇方便之门；③采取目标集中战略的厂商所聚焦的细分市场非常具有吸引力，以至于各个竞争厂商蜂拥而入，瓜分细分市场的利润。

三、战略评价方法及战略选择

对于有多种产品的企业，由于其不同的产品可能具有不同的市场地位和价值优势，如何对这些业务进行投资组合分析是企业管理者在战略制定时要重点考虑的问题。要综合评价企业的价值能力，应进行投资组合分析。广泛采用的投资组合分析方法是矩阵分析方法，通过这种方法，企业可以找到企业资源的产生单位和这些资源的最佳使用单位。

（一）增长率—市场占有率矩阵法

增长率—市场占有率矩阵法就是通常所讲的波士顿矩阵。它是波士顿咨询公司在1960年为美国米德纸业公司进行经营咨询时提出的分析方法，也称成长—份额矩阵、产品（事业）结构分析法或事业结构转换矩阵。它以企业经营的全部产品或业务的组合为研究对象，分析企业相关经营业务之间的现金流量的平衡问题，寻求企业资源的最佳组合。增长率—市场占有率矩阵的示意图，如图2-5所示。

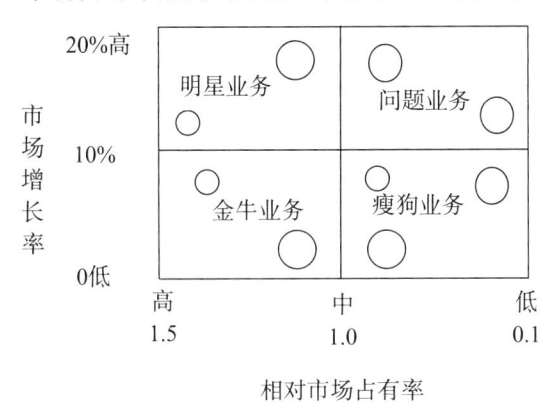

图2-5 增长率—市场占有率矩阵

在图2-5中，矩阵的横轴表示企业在行业中的相对市场占有率，是指企业的某项产品或服务的市场份额与最大的竞争对手的市场份额的比率，相对市场占有率用1.0分界为高、低两个区域。某项产品或业务的相对市场占有率高，表示其竞争地位强，在市场中处于领先地位；反之则表示其竞争地位弱，在市场中处于从属地位。

纵坐标表示企业所在行业的成长性，表示该行业过去两年和今后两年的平均市场增长率，通常以10%的增长率为限划分为两个区域，最近两年平均增长率超过10%的为高增长业务，低于10%的为低增长业务。这样划分出如下4种经营单位。

1. 明星业务

明星业务指那些市场增长率和相对市场占有率都较高的经营单位。此类业务处于迅速增长的市场，具有很大的市场份额，被形象地称为明星产品。这类产品或业务有发展潜力，企业也具有竞争力，是高速成长市场中的领先者，行业处于生命周期中的成长期。它们应是企业重点发展的业务或产品，也是企业资源的主要消费者，企业要采取追加投资、扩大业务的策略，支持它们继续发展。

2. 金牛业务

金牛业务指那些有较低市场增长率和较高相对市场占有率的经营单位。行业可能处于生命周期中的成熟期，企业生产规模较大，本身不需要投资，反而能为企业提供大量资金，用以支持其他业务的发展，被形象地称为金牛业务。企业通常以金牛业务支持明星业务、问题业务和瘦狗业务。企业的策略是维持其稳定生产，不再追加投资，以便尽可能地回收资金，获取利润。

3. 瘦狗业务

瘦狗业务指那些相对市场占有率和市场增长率都较低的经营单位。行业可能处于生命周期中的成熟期或衰退期，市场竞争激烈，企业获利能力差，不能成为利润源泉。如果这类业务还能自我维持，则应缩小经营范围，加强内部管理。如果这类业务已彻底失败，企业应当及时采取措施，清理业务或退出经营领域。

4. 问题业务

问题业务指那些相对市场占有率较低而市场增长率却较高的经营单位。这类业务通常处于最差的现金流状态，一方面所在行业增长率较高，需要企业投入大量资金支持其生产经营活动；另一方面，企业产品的相对市场占有率不高，不能给企业带来较高的资金回报。因此，企业对问题业务的投资需要进一步分析是否具有发展潜力和竞争力优势，判断使其转移到该业务所获的投资量，分析其未来是否盈利，研究是否值得投资。

增长率—市场占有率矩阵法将企业的不同业务组合到一个矩阵中，可以简单地分析企业在不同业务中的地位，从而针对企业的不同业务制定有效策略，集中企业资源，提高企业在有限领域的竞争能力。该矩阵分析的目的在于为企业确定自己的总体战略。在总体战略的选择上，它指出了每个经营业务在竞争中的市场地位，使企业了解了它的作用或任务，从而有选择和集中地运用企业优势的资金。同时，增长率—市场占有率矩阵将企业不同经营领域内的业务综合到一个矩阵中，具有简单明了的效果。在其他战略没有发生变化的前提下，企业可以通过增长率—市场占有率矩阵判断自己各经营业务的机会和威胁、优势和劣势，判断当前的主要战略问题和企业未来的竞争地位。比较理想的投资组合是企业有较多的明星业务和金牛业务、少数的问题业务和极少的瘦狗业务。

但是，增长率—市场占有率矩阵法也存在局限性。该矩阵按照市场增长率和相对市场占有率，把企业的市场业务分为四种类型，相对来说，有些过于简单。同时，在实践中，企业要确定各业务的市场增长率和相对市场占有率是困难的，该矩阵中市场地位和获利之间的关系会因行业和细分市场的不同而发生变化。另外，企业要对自己一系列的经营业务进行战略评价，仅仅依靠市场增长率和相对市场占有率是不够的，还需要行业的技术水平等其他指标。

（二）行业吸引力—竞争能力矩阵

行业吸引力—竞争能力矩阵是由美国通用电气公司与麦肯锡咨询公司共同发展起来的。它是为克服增长率—市场占有率矩阵的局限性而提出的改良分析矩阵，也称通用电气—麦肯锡矩阵或行业吸引力—企业实力矩阵。

该矩阵在理论上与增长率—市场占有率矩阵类似，但它考虑了更多的因素，对不同的业务进行比较。行业吸引力—竞争力矩阵的纵坐标用行业吸引力代替了市场增长率，横坐标用经营单位竞争力代替了相对市场占有率。同时，行业吸引力—竞争力矩阵针对增长率—市场占有率矩阵坐标尺度过粗的缺陷，增加了中间等级。根据行业吸引力和经营单位竞争能力，可以确定出各经营单位在总体经营组合中的位置，据此来制定出不同的战略，如图2-6所示。

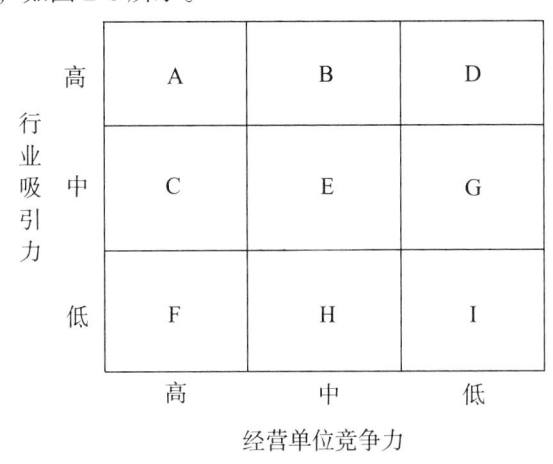

	高	中	低
高	A	B	D
中	C	E	G
低	F	H	I

行业吸引力（纵轴） / 经营单位竞争力（横轴）

图2-6 行业吸引力—竞争能力矩阵

经营单位所处行业的吸引力按强度分成高、中、低三等，所评价的因素一般包括行业规模、市场增长速度、产品价格的稳定性、市场的分散程度、行业内的竞争结构、行业利润、行业技术环境、社会因素、环境因素、法律因素、人文因素。

经营单位所具备的竞争力按大小也分为高、中、低三等，所评价的因素包括生产规模、增产情况、市场占有率、盈利性、技术地位、产品线宽度、产品质量及可靠性、单位形象、造成污染的情况、人员情况。

行业吸引力的三个等级与经营单位竞争力的三个等级构成一个具有九象限的矩阵，公司中的每一经营单位都可放置于矩阵中的一个位置。总体来说，公司内的所有经营单位可归结为三类，而对不同类型的经营单位应采取不同的战略，如下所述。

（1）发展类。这类包括处于A、B和C位置的经营单位。对于这一类经营单位，公司要采取发展战略，即要多投资以促进其快速发展。因为这类行业很有前途，经营单位又具有较强的竞争地位，因此应该多投资，以便巩固经营单位在行业中的地位。

（2）选择性投资类。这类包括处于D、E和F位置的经营单位。对这类经营单位，公司的投资要有选择性，选择其中条件较好的单位进行投资，对余者采取抽资转向或放弃战略。

（3）抽资转向或放弃类。这类包括处于G、H和I位置的经营单位。这类单位的行业吸引力和经营单位实力都较低，应采取不发展战略。对一些目前还有利润的经营单位，采取逐步回收资金的抽资转向战略，而对不盈利又占用资金的单位则采取放弃战略。

第四节 企业战略的实施与控制

企业一旦选择合适的战略，战略管理的重点就从战略选择转移到了战略实施。如果没有有效的战略实施，那么任何战略都不可能实现其价值，即实现企业战略目标。战略控制是为了有效地实施战略，同时也是为了对不适应的战略及时做出调整，以更好地实现企业可持续发展的目标。

一、企业战略的实施

（一）战略实施的内容

所谓战略实施，就是执行战略计划或战略方案，这是将战略付诸实际行动的过程。企业战略实施应包括建立能够执行并完成战略计划的强有力的组织，围绕战略目标有重点地配置资源，动员整个组织投入选定的战略计划，设置内部战略管理支持系统并发挥战略领导作用。

企业战略实施涉及大量的工作安排、资金和时间，而不像战略制定和选择过程中，所参加的人员主要是高层管理者。在战略实施过程中，企业从最高管理者到作业人员，每一个人都参与。因此，战略实施较战略分析和战略选择来说，所涉及的问题更多、更复杂。按照罗伯特·小沃特曼的观点，企业的战略匹配包含7个因素。这7个因素又被称为麦肯锡7S模型。

（1）战略，是旨在获得超过竞争对手的持续优势的一组紧密联系的活动。

（2）结构，指组织结构图及其相应的部分，它表明人员、任务的分工及整合。

（3）制度，指完成日常工作的过程及流程，包括信息系统、资本预算系统、制造过程、质量控制系统和绩效度量系统等。

（4）风格，指集体管理人员所花费时间和精力的方式，以及他们所采取的代表性的行为方式。

（5）人员，指企业中的所有人，更重要的是指企业中人员的分布状况。

（6）技能，指企业作为一个整体所具备的能力。

（7）共同价值观，指企业的哲学和文化，即使企业保持团结一致的那种指导性的观念、价值和愿望等。

在该模型中，战略、结构和制度被认为是企业成功经营的"硬件"，风格、人员、技能和共同价值观被认为是企业成功经营的"软件"。该模型认为软件和硬件同样重要。麦肯锡7S模型同时表明，当这些因素相互适应和匹配时，企业实施的战略就可以成功；反之，当这7个因素不能互相适应时，战略实施将不可能成功。

（二）战略实施的一般过程

1. 诊断战略问题

在战略管理中，战略实施是战略制定的继续，即企业制定出目标和战略以后，必须将战略的构想转化成战略的行动。在这个转化过程中，企业首先要考虑战略制定与战略实施的关系，两者配合得越好，战略管理越容易获得成功。

图2-7说明了这两者的重要性，并指出了战略制定与战略实施的不同搭配会产生四种结果，即成功、摇摆、艰难和失败。

	战略制定	
	好	坏
战略实施 好	成功	摇摆
战略实施 坏	艰难	失败

图2-7 战略问题的诊断

在成功企业里，企业不仅有好的战略，而且能够有效地实施这一战略。在这种情况下，尽管企业不能控制环境，但由于它能够成功地制定与实施战略，企业的目标便能够较顺利地实现。

在摇摆象限里，企业没有很好的战略，但执行这种战略却一丝不苟。在这种情况下，企业会遇到两种不同的局面：一种局面是由于企业能够很好地执行战略而克服战略的不足，或者至少为管理人员提出了可能失败的警告；另一种局面是企业认真地制定了一个"不好"的战略，结果加速了企业的失败。

在艰难象限里，企业有很好的战略但贯彻实施得很差。这种情况往往是由于企业管理人员过分注重战略的制定而忽视战略实施。一旦问题发生，管理人员的反应常常是重新制定战略，而不是去检查实施过程是否出了问题。结果，重新制定出来的战略仍按照老办法去实行，只有失败一条路。

在失败象限里，企业所面临的问题是既没有好的战略又没有很好地执行战略。在这种情况下，企业的管理人员很难把战略转到正确的轨道上来。因为企业无论保留原来的战略而改变实施的方式还是改变战略而保留实施方式，都不会产生好的结果，仍旧要失败。

因此，企业要取得好的战略管理的绩效，就需要在摇摆、艰难和失败象限里诊断出战略失败的原因，以便找到一种补救的方法，更有效地实施战略。

2. 分解战略目标

要将战略转化为战略行动，需要在分析战略变化的基础上，把战略方案的内容层层分解，就要使企业每个员工都能明确自己在战略中的地位，明确自己的任务和职责。

企业要将战略分解成战略实施阶段，并确定分阶段的战略目标。特别需要注意各个阶段的分目标及计划应该具体化和可操作化，使战略最大限度地变成企业各个部门可以具体操作的业务。

3. 调整组织结构

企业需要调整或重新组建适当的组织结构以支持变革。作为适应战略实施的新型组织结构，它应该符合履行基本职能的效率要求，符合企业不断创新的需要，同时能确保面临重大威胁时做出快速反应。

5. 考核与激励

企业要对战略实施的情况进行绩效考核与激励，其内容包括企业是否制定了发展战略目标；企业如何将战略目标有效分解到战术操作层面（各职能战略）；企业采用什么样的绩效管理工具评估战略目标和引导资源配置走向；企业如何通过绩效考核控制各业务单元和员工的工作绩效以及管理行为等。企业战略实施业绩的考核可以利用关键业绩指标法（KPI）和平衡计分法等方法。

同时，要注意战略实施的激励。对一般人员的激励，其目的就在于促使企业的人员对长期目标、战略计划和创业精神有足够的了解和认识，鼓励他们的战略活动要与企业的战略相一致；对领导人员的激励，目的是鼓励其及时创造性的调整战略行为，以调动和维持战略领导人员实施战略管理的积极性和主动性。

6. 过程领导

在战略实施过程中，领导技巧是一个重要因素。就整个组织成员而言，领导需要鼓励全体成员承担实施战略的责任。因此，保证领导风格与战略相适应是重要的。战略管理要求具有机智果敢、勇于创新、远见卓识、知识广博、富有经验，同时有独特的管理魅力的人来担任企业领导者。只有这样，企业战略才会在制定过程中不产生偏差。

二、企业战略实施的控制

战略实施的控制是指在战略方案实施过程中，为了保证按战略方案的要求进行经营而对实施活动所采取的评审、信息反馈和纠正措施等一系列活动。

（一）战略实施的控制的要素

战略实施的控制有三个基本要素。

1. 确立标准

确定战略控制评价标准。战略控制评价标准是用以衡量战略执行效果好坏的尺度，是战略控制的依据。它由定性和定量两大类指标组成。定性评价标准主要包括战略与环境的适应性、战略执行中的风险性、战略的稳定性、战略与资源的配套性、战略执行的时间性和战略与组织的协调性。定量评价标准可选用下列指标：经济效益综合指数、产值、实现利润、资本利润率、销售利润率、成本费用利润率、人均净产值、市场占有率、物质消耗率、新产品开发等。

2. 衡量绩效

就是把实际战略实施成效与评价标准比较，找出实际战略实施成效与评价标准的差距及其产生的原因。

3. 纠正偏差

绩效评价就是通过成效衡量发现问题（负偏差）并针对其产生的原因采取纠正措施。

（二）战略实施的控制在战略管理中的作用

第一，企业战略实施的控制是企业战略管理的重要环节，它能保证企业战略的有效实施。战略决策仅能决定哪些事情该做，哪些事情不该做，而战略实施的控制的好坏将直接影响企业战略决策实施的效果与效率，因此，企业战略实施的控制虽然处于战略决策的执行地位，但对战略管理十分重要、必不可少。

第二，企业战略实施的控制能力与效率的高低又是战略决策的一个重要制约因素，它决定了企业战略行为能力的大小。企业战略实施的控制能力强、控制效率高，则企业高层管理者可以做出较为大胆的、风险较大的战略决策；若相反，则只能做出较为稳妥的战略决策。因此，提高战略实施的控制能力，也是企业战略管理的一项重要任务。

第三，企业战略实施的控制与评价可为战略决策提供重要的反馈，帮助战略决策者明确决策中哪些内容是符合实际、正确的，哪些是不符合实际、不正确的，这对于提高战略决策的适应性和水平具有重要作用。

第四，企业战略实施的控制可以促进企业文化等企业基础建设，为战略决策奠定良好的基础。

（三）战略实施控制的方法

1. 以控制时间分类

以控制时间分类可分为事前控制、事中控制和事后控制。

（1）事前控制。事前控制是指对战略实施进行监测，用前馈控制方法对事物前兆进行控制。前馈控制是在工作成果尚未实现之前，去发现将来工作的结果可能出现的偏差，采取校正措施，使可能出现的偏差不致发生，从而防患于未然。

（2）事中控制。事中控制就是监督实际正在进行的业务，以保证既定目标实现。企业的战略要依赖于人的活动，没有人的活动，战略就不能实现，所以，对组织成员活动的控制是战略控制的重要组成部分。

（3）事后控制。事后控制是指将执行结果与期望的标准相比较，看是否符合控制标准，然后进行偏差分析，找出原因，确定纠正方案。

2. 以控制主体的状态分类

（1）避免型控制，即采用适当的手段，使不适当的行为没有产生的机会，从而达到不需要控制的目的。如通过自动化使工作的稳定性得以保持，按照企业的目标正确地工作；通过与外部组织共担风险减少控制；转移或放弃某项活动，以此来消除有关的控制活动。

（2）开关型控制。开关型控制又称为事中控制或行与不行的控制。其原理是在战略实施的过程中，按照既定的标准检查战略行动，确定行与不行，类似于开关的开与关。开关控制法一般适用于实施过程标准化的战略，或某些过程标准化的战略项目。

3. 以控制的切入点分类

（1）财务控制。这种控制方式覆盖面广，是用途极广的非常重要的控制方式，包括预算控制和比率控制。

（2）生产控制，即对企业产品品种、数量、质量、成本、交货期及服务等方面的控制，可以分为产前控制、过程控制及产后控制等。

（3）销售规模控制。销售规模太小会影响经济效益，太大会占用较多的资金，也影响经济效益，为此要对销售规模进行控制。

（4）质量控制，包括对企业工作质量和产品质量的控制。工作质量不仅包括生产工作的质量，还包括领导工作、设计工作、信息工作等一系列非生产工作的质量，因此，质量控制的范围包括生产过程和非生产过程的其他一切控制过程。质量控制是动态的，着眼于事前和未来的质量控制，其难点在于全员质量意识的形成。

（5）成本控制。通过成本控制使各项费用降低到最低水平，达到提高经济效益的目的。成本控制不仅包括对生产、销售、设计、储备等有形费用的控制，还包括对会议、领导、时间等无形费用的控制。在成本控制中要建立各种费用的开支范围、开支标准并严格执行，要事先进行成本预算等工作。成本控制的难点在于企业中大多数部门和单位是非独立核算的，因此缺乏成本意识。

（四）战略实施的控制过程中应注意的问题

1. 战略控制应具有前瞻性

战略控制与日常生产经营控制不同，其重点是企业的目标和方向，所以管理人员要能预见未来，及时发现和纠正对企业发展方向与长远目标有重大影响的有利和不利因素。

2. 战略控制应该采用例外原则

对战略控制不要样样都抓，有标准的事件只需适当关注，主要是处理非标准情况下出现的例外事件，抓住战略实施的重点进行控制。

3. 战略控制应该有伸缩性

战略控制要有较大的回旋余地，有伸缩性。只要能保持正确的方向，便可取得预期的效果。

4. 战略控制应考虑组织特征

不同的组织有不同的经营环境，管理者和职工在战略控制中的作用也有很大的差异，要根据组织的特征采取相应的控制方法。

第三章　企业使命与战略目标

第一节　企业愿景

一、企业愿景的内涵

1. 企业愿景的基本概念

企业愿景是企业战略发展的重要组成部分。所谓愿景，由组织内部的成员所制订，借由团队讨论，获得组织一致的共识，形成大家愿意全力以赴的未来方向。企业愿景是指企业战略家对企业前景和发展方向一个高度概括的描述。由企业核心理念和对未来的展望构成。在企业经营管理过程中，企业愿景应该是根据企业现有阶段经营与管理发展的需要，对企业未来发展方向的一种期望、一种预测、一种定位。并通过市场的效应，及时有效地整合企业内外信息渠道和资源渠道，以此来规划和制定企业未来的发展方向、企业的核心价值、企业的原则、企业的精神、企业的信条等抽象的观念或姿态，和企业的使命、存在意义、经营方针、事业领域、核心竞争力、行为方针、执行力度等细微性的工作。从而让企业的全体员工及时有效地通晓企业愿景赋予的使命和责任，使企业在计划—实行—评价—反馈的循环过程中，不断地增强自身解决问题的力度和强度。

在西方的管理论著中，企业的愿景不只专属于企业负责人所有，企业内部每位成员都应参与构思制订愿景与沟通共识，透过制订愿景的过程，可使得愿景更有价值，企业更有竞争力。在先进企业的经营活动中，很容易发现优秀企业愿景的例子。如重视实际和价值的 GE 公司的理念、强调人类健康信条的强生公司的理念、尊重革新和创意的 3M 公司的理念等。综合许多杰出的企业大多具有一个特点，就是强调企业愿景的重要性，因为唯有借重愿景，才能有效地培育与鼓舞组织内部所有人，激发个人潜能，激励员工竭尽所能，增加组织生产力，达到顾客满意度的目标。

2. 企业愿景的层次

企业愿景可以分为三个不同层次：企业对社会的价值处在愿景的最高层，中层是企业的经营领域和目标，下层是员工的行动准则或实务指南。企业对人类社会的贡献和价值是企业赖以存在的根本理由，也是其奋斗的方向，它是最高层次的企业愿景，具有最高的效力；企业的经营领域和目标是低一层次的概念，指出企业实现价值的途径和方式；行为准则和实务指南是在这个过程中应该遵循的经济和道德准则。愿景所处的层次越高，具有更大的效力、延续的时间更长。

愿景形成后，组织负责人应对内部成员做简单、扼要且明确的陈述，以激发内部士气，并应落实为组织目标和行动方案，具体推动。因此，基于企业愿景，企业进一步进行愿景管理，就是结合个人价值观与组织目的，透过开发愿景、瞄准愿景、落实愿景的三部曲，建立团队，迈向组织成功，促使组织力量极大化发挥。

3. 企业愿景的基本内容

企业愿景大都具有前瞻性的计划或开创性的目标，作为企业发展的指引方针。由于企业不仅是企业领导者的企业，也是员工、合作伙伴和社会的企业，随着企业走向发展和壮大，企业必须经历企业迈向社会化的过程。因此，一般来讲，企业的愿景通常包含四个方面的内容：

（1）使整个人类社会受惠受益。这是一个比较宏观的概念，有很多企业会选择这样的内容作为自己的企业愿景。例如，有些企业的愿景就表达出企业的存在就是要为社会创造某种价值。

（2）实现企业的繁荣昌盛。这部分内容主要是针对本企业而言的，其主要愿景就是为了实现企业自身的不断发展。例如，美国航空公司提出要做"全球的领导者"，这就是谋求企业的繁荣昌盛。

（3）为员工谋更大的利益。愿景的这部分内容主要是针对企业的员工而言的，目的是为员工创造更多的利益，实现员工的敬业爱业。

（4）使客户心满意足。客户满意是最基础的愿景，因为客户是企业成功最重要的因素，如果客户对企业的愿景不能认同，那么愿景也就失去了意义。

二、企业愿景的价值

企业愿景的价值是促使组织的所有部门拥向同一目标并给予鼓励，同时它也是员工日常工作中的价值判断基准。为此，在规定企业愿景时应明确企业的提供价值和目的。企业愿景的另一构成要素企业目的是给企业员工指示发展方向，提供激励的基本框架。因此，企业愿景的内容及其实行方法并不是在企业创立之初就能规定明确，也没有怎样才是最好的标准答案。就是说，企业愿景不是由其内容，而是由其理念的明确性和理念下的整合性的经营活动来规定和强化的。在当今的企业活动中，企业愿景的价值主要体现在以下六个方面：

1. 提升企业的存在价值

企业愿景的终极目标就是将企业的存在价值提升到极限。企业的存在价值是企业本质的存在理由和信念。

传统观念认为，企业的存在价值在于它是实现人类社会幸福的手段与工具，是在促进全社会幸福和寻找新的财富来源的过程中创造出来的。而且急剧变化的企业环境引起企业的生存危机，企业要想摆脱困境，就迫切需要重整企业愿景。如果以危机为借口，不去明确企业愿景，而是在现在状况下随波逐流，采取与企业愿景相违的行动，那么即使能获得高额利润，

最终也无法取得社会认同。即使是在危机之中，企业也应在日常的企业活动之中努力遵守源于经济理论、社会道德的企业愿景，如果企业不从企业愿景出发去选择行动方案，就不可能进行真正的危机管理或对策。所以明确的企业愿景是企业活动中，解决问题或进行革新活动的必要条件。

近来由于企业价值观经历全球化和信息时代的变革，企业愿景的概念范围也随之扩大。在以往那些企业活动的基础上增加了与全球自然环境共生和对国际社会的责任和贡献等内容，使企业存在价值这一概念更加完整。

2. 整合个人愿景

现代社会的员工特别是知识员工非常注重个人的职业生涯规划，都有描述自己未来的个人愿景。要使企业员工都自觉、积极地投入到企业活动中，就需要有企业愿景来整合员工的个人愿景。

在现代社会，企业不能仅仅从经济代价或交换的角度去理解个人和企业的关系。当个人能理解和参加到企业愿景中时，就能融进企业里，文字化的企业愿景不应是抽象的概念或只言片语，而应包含具体明确的方针。当提出明确的企业愿景，并传播到每个员工，激发起员工的自觉参与意识时，企业就能获得发展。

在企业发展过程中，相对于经济利益，员工往往更加重视自我价值的实现和个人能力的提升。企业在制定愿景的时候，应当激发员工的自觉参与意识，理解和尊重员工的个人愿景并将它们恰当地融入企业共同愿景当中。通过这种方式产生的企业愿景能够获得员工的认同和响应，因为他们在充分发挥个人能力去达成企业共同愿景的同时能够实现自我，并在自律的基础上，企业员工充分发挥个人能力去达成企业共同的目标和愿景。

3. 协调利害关系者

对于一个特定的组织来说，利害关系者通常是指那些与组织有利益关系的个人或者群体。如果组织忽略了某个或者某些能够对组织产生影响的群体或者个人，就有可

能导致经营失败。正像利害关系者会受到企业的决策、行动的影响一样，这些利害关系者也会影响该企业的决策、行动，两者之间存在着双向的影响和作用力。实质上，企业与利害关系者之间是一种互动的共生关系。企业在制定企业愿景时，必须界定利害关系者的类型，他们的利益诉求以及相应的策略。如何识别各种各样的利害关系者，并通过企业愿景加以反映和协调，是企业高层管理人员的重要任务。如果利害关系者的利益不能在愿景中得到尊重和体现，就无法使他们对企业的主张和做法产生认同，企业也无法找到能对他们施加有效影响的方式。

要协调利害关系者就必须有企业愿景。近来在管理和营销领域，关系性概念受到关注。这是企业在对大量生产、大量销售体制造成个体的人际关系衰退后进行反思产生的概念，许多学者认为这种概念对于曾坚持生产者观念的企业是必要的。关系的概念不但适用于企业和顾客的交往，也适用于企业与内部员工之间关系。经营者和员工之间关系不是指简单的劳动合同，而是指相互信赖和密切联系基础上的关系，即非机械的伙伴关系，这种关系需要通过公司内部沟通创造出共同价值的共同创造观念。另外，这种关系的基础要求由企业成员共享的共同企业愿景。有了共享的企业愿景，就能迅速正确地沟通，企业成员在同一企业愿景、共同的目标下建立关系的话，企业成员就能在相互沟通和活动中创造共享价值。

4. 增强知识竞争力

当前企业愿景受重视的另一个理由是组织知识、应变能力等"知识竞争力"作为企业竞争力要素开始受到广泛关注。这些要素的作用发挥取决于企业愿景这种基于知识资源的管理体系的建立。

传统观念的企业竞争力是由产品或服务的生产能力、销售能力、资本的调配和运营能力等与企业利润直接相关的要素决定的。但随着近年来企业活动领域的巨大变化，企业开始重新审视竞争力的来源，组织知识和应变能力受到广泛关注。而企业愿景有助于知识和能力的获取及其作用的发挥。

许多学者把企业组织看作知识主体，而把它的知识创造力看作企业应当追求的竞争力要素。组织知识是企业多年以来周而复始地开发、应用、总结而形成的，是以往采取的众多战略步骤的结果，存在一种路径依赖性。路径依赖性越高，越不易被对手所模仿，企业的竞争优势就能更长久。企业如能制定明确的、长期的愿景，保持战略的稳定性和连续性，并保证一切战略战术行动均围绕愿景而展开，就能使组织知识拥有长期的战略积淀和深厚的文化底蕴，提高其路径依赖性，增强对手模仿的难度。

在动态竞争条件下，如果不能创造性地、柔韧地应对环境变化，企业本身的生存发展就会出现问题。一般认为，组织取决于战略，战略的张力和柔性决定着组织的灵活程度和应变能力。而企业愿景是战略规划的最终目的和根本依据，其长期性和预见性提供了规避风险的线索。科学明确的愿景决定企业战略的选择范围，在保证战略方向正确性的同时留有回旋的余地，提升企业的应变能力。

5. 累积企业的努力

企业的现状是日积月累的努力的最终结果，而企业愿景就是有选择地、高效地累积这些努力的关键手段。愿景是企业有能力实现的梦想，也是全体员工共同的梦想。愿景能描绘出企业将来的形态，引导企业资源投入的方向。企业因为有愿景，就可以一直朝相同的方向前进，在追求短期目标的同时，也可以为中、长期目标的实现奠定基础。共同愿景还能让每一个人的努力发生累积的效果。

企业没有愿景，就会分散力量，也会导致经营上的问题，即使短期内有不错的业绩，也会因为和长期目标不够一致，各种力量会互相抵消。不管是现在的事业或新事业都是为了达成企业愿景，反过来说企业有了愿景，才有新事业诞生。在动态竞争中，环境要素复杂多变，拥有愿景的企业可以在别人还未看见、尚无感觉的时候，已经开始了对未来的规划和准备。经过长时间努力，当市场机会出现时，企业已经备妥所有的竞争力，从而占据竞争的主动，赢得先动者优势。相反，企业如果没有愿景，只是看着别人的做法亦步亦趋，终究要因为累积的时滞而被淘汰。

6. 应对企业危机

在动态竞争条件下，环境的关键要素复杂多变且具有很大的随机性。企业的生存时刻面临极大挑战，处理不慎就可能演变为致命危机。

企业应对危机、摆脱困境迫切需要愿景，明确的企业愿景是动态竞争条件下企业应对危机的必要条件和准则。一方面，企业不能停留于简单的刺激-反应模式，光顾着解决危机而忘记了抽出时间进行长远规划的必要。如果以未来的不可预测性或情况紧急为托词而不去明确企业愿景，只是在危机到来时被动应付，那么即使能勉强渡过难关，最终也会因迷失方向而无所适从。另一方面，已经拥有远景的企业在制订危机处理方案时，必须努力遵循源于经济理论、社会道德的企业愿景。必须从企业愿景出发去寻找行动方案，考虑所采取的行动是不是与企业一贯的方针和自身承担的使命和社会责任相一致。以愿景为危机处理的基准才能保证企业的长远利益和社会认同。

企业愿景还有可能将危机转化为机遇。本质上，所谓机遇是指同企业环境建立良好的、建设性的互动关系；而危机常以某种方式出现，迫使企业必须处理好环境的问题，否则就会在财务、公众形象或者社会地位方面受到损害。但是危机如果处理得当，就可能转变为企业的机遇。世界上成功的企业在面对危机时，往往为了保证愿景的贯彻而不惜牺牲巨大的当前利益，这些负责任的举动为它们赢得了广泛的尊重，无形中提升了企业形象，提高了在消费者心目中的地位，这些都为以后的市场开拓提供了便利。

三、企业愿景的设定

企业愿景是企业未来的目标、存在的意义，也是企业之根本所在。它回答的是企业为什么要存在，对社会有何贡献，它未来的发展是个什么样子等根本性的问题。因此，企业愿景的设定一般应该包括以下两个方面。

1. 明确核心经营理念

在企业发展过程中，核心经营理念界定了一个企业的经久不衰的特征，这种特征是一个企业的稳定标志，它超越了产品或市场的生命周期、技术突破、管理时尚和个人领袖。事实上，对于建构远见卓识的企业具有贡献的那些因素中，核心经营理念是最持久、最显著的因素。

核心经营理念包括核心价值观和核心使命。核心经营理念用以规定企业的基本价值观和存在的原因，是企业长期不变的信条，如同把组织聚合起来的黏合剂，核心经营理念必须被组织成员共享，它的形成是企业自我认识的一个过程。核心价值观是一个企业最基本和持久的信仰，是组织内成员的共识，它是一小部分不随时间而改变的指导原则。核心价值观无须外界的评判，它对于企业内部成员有着内在的价值和重要性。在企业发展过程中，企业的核心价值观可以起到凝聚企业全体成员并激励员工积极性的重要作用。强生公司的首席执行官拉尔夫·拉森这样说道："体现在我们经营宗旨中的核心价值观可能是竞争优势，但这并不是我们拥有它的原因。我们之所以拥有它，是因为它界定了我们的支持和主张，即便当它成为竞争劣势时，我们也会坚守它。"

核心经营理念的第二个内容是核心使命。核心使命是一个企业存在的理由。有效的目的反映了人们在组织中从事工作的理想动力。它并不是仅仅描述组织的产量或目标客户，它抓住的是企业的灵魂。

2. 提出企业未来前景

企业未来前景包括两个部分：一个10~30年实现的战略目标，一个对实现目标后将会是什么样子的生动描述。所有的公司都有目标，但在拥有什么样的目标上存在差异：有的公司仅仅是有一个目标而已；有的公司则愿意面对重大、令人胆怯的挑战。真正的愿景目标应该是清楚明确而且引人入胜的，它是一个共同努力的目标，是团队精神的催化剂。它有着明确的终点线，因此，组织能够知道什么时候自己达到了目标。尽管在同一时间里，组织的不同层级上有很多奋斗目标，但愿景规划需要的是一种特殊类型的目标，即可以应用于整个组织中，并要经过10~30年的努力才能实现。在为企业的长远未来而设置目标时，不应该只停留在现有经营能力和现有环境层面上，而要深入下去进行思考。的确，制定这种目标需要高层管理团队具有远见卓识，而不仅仅是在战略或战术上考虑。

除了远景基础上的战略目标之外，生动的未来前景中还需要生动形象的描述，也就是说，用一种形象鲜明、引人入胜和具体明确的描述，来说明实现目标后会是什么样子。例如，亨利·福特用生动形象的描述给"使汽车大众化"这一目标赋予了生命："我要为大众生产一种汽车……它的价格如此之低，不会有人因为薪水不高而无法拥有它，人们可以和家人一起在上帝赐予的广阔无垠的大自然里陶醉于快乐的时光中……当我实现它时，每个人都能买得起它，每个人都将拥有它。马会从我们的马路上消失，汽车理所当然地取代了它……（我将会）给众多的人提供就业机会，而且报酬不薄。"

第二节 企业使命

一、企业使命的内涵

1. 企业使命的基本概念

在制定企业战略之前首先应弄清企业应负担什么样的社会责任，是一个什么性质的企业，它应从事什么事业，即要弄清企业的使命。一个企业总是为了满足社会的某种需要和获得一定经济利益动脑筋建立的，从企业建立开始就承担着社会赋予其必须满足一定的社会责任，这个责任就是企业应该对社会履行的历史使命。使命是指对自身和社会发展所做出的承诺，公司存在的理由和依据，是组织存在的原因。所谓企业使命是指企业在社会进步和社会经济发展中所应担当的角色和责任，是企业的根本性质和存在的理由，说明企业的经营领域、经营思想，为企业目标的确立与战略的制定提供依据。企业使命应该包含以下的含义。

（1）企业的使命实际上就是企业存在的原因或者理由，也就是说，是企业生存的目的定位。不论这种原因或者理由是"提供某种产品或者服务"，还是"满足某种需要"或者"承担某个不可或缺的责任"，如果一个企业找不到合理的原因或者存在的原因连自己都不明确，或者连自己都不能有效说服，企业的经营问题就大了，也许可以说这个企业"已经没有存在的必要了"。就像人一样，经常问问自己"我为什么活着"的道理一样，企业的经营者们更应该了然于胸。

（2）企业使命是企业生产经营的哲学定位，也就是经营观念。企业确定的使命为企业确立了一个经营的基本指导思想、原则、方向、经营哲学等，它不是企业具体的战略目标，或者是抽象地存在，不一定表述为文字，但影响经营者的决策和思维。这中间包含了企业经营的哲学定位、价值观凸显以及企业的形象定位。

（3）企业使命是企业生产经营的形象定位。它反映了企业试图为自己树立的形象，诸如"我们是一个愿意承担责任的企业""我们是一个健康成长的企业""我们是一个在技术上卓有成就的企业"等，在明确的形象定位指导下，企业的经营活动就会始终向公众明确这一点。

2. 企业使命的内容

一般来说，企业使命的内容主要包括以下两个方面。

（1）经营哲学。经营哲学是指企业在从事生产经营活动中所持有的基本信念、价值观和行为准则，是企业在创造物质财富和精神财富的实践中所体现出来的世界观和方法论，它表明企业对自己承担的使命和所起的作用，以及如何起作用的根本看法。企业经营哲学是企业在长期的生产经营实践中形成的、被企业全体职工所接受的共同信念、共同价值观等。具体表现为一系列经营观念，反映了企业领导人在经营企业过程中的信念、抱负和所关注的重点，这是企业确定生产经营活动方式的行为准则。正确的经营哲学是对企业成功经验的集中总结和高度概括。它决定了企业经营行为的基本性质和方向，是企业一切行为与活动刻意追求的目标或精神。它对企业经营战略的形成与实施具有重要的作用，能够引导企业走上兴旺发达之路，是一个企业发展过程中必须明确的企业使命的内容。

（2）企业宗旨。经营宗旨是企业经营哲学的具体化，即企业从事什么生产经营活动、达到什么目的和对社会起什么作用的具体表述。具体地说，确定企业宗旨就是确定企业的性质，明确企业的经营范围和服务对象，明确企业今后生产经营活动发展的方向。它反映了企业高层领导者对企业未来的构思和设想，是企业制定战略决策的基础和依据。不同的企业宗旨有所不同，有的侧重于表述企业要干什么，给社会和顾客贡献什么。如联想电脑公司的企业宗旨表述为：为客户利益而努力创新。有的侧重于表述企业自身生产经营活动的目的或企业要从社会和顾客获得什么。如华为公司的使命表述为："聚焦客户关注的挑战和压力，提供有竞争力的通信解决方案和服务，持续为客户创造最大价值。"

3. 企业使命的构成要素

企业使命的构成要素主要包括以下几个方面。

（1）企业性质的确定。这是指企业从事何种经营事业，在哪一个或哪几个经营事业领域从事经营活动所做出的选择，实际上就是对企业的行业和为之服务的市场定位进行决策，如果企业所从事的行业和为之服务的市场定位准确，那么将为企业长远的发展打下坚实的基础。

（2）企业成长方向的选择。当企业正在从事的经营领域进入成熟期，甚至进入衰退期，现有产品的市场需求已接近饱和或已开始下降，企业就需考虑研究进入新的经营领域和新的市场。究竟进入哪个或哪些新的领域，进入哪个或哪些新的市场，这就应做出决策。

（3）企业经营目的的确定。企业作为一个经济组织，一般有三个经济性目的，即长期生存，持续发展，获得盈利。这三个目的有时会发生矛盾，企业常常为了某些产品的短期利润很高而投入大量资源，放松了对另一些目前看来盈利不显著而长期获利颇丰的产品和技术的投入，严重影响企业自身未来的生存和持续发展。所以，对这三个目的的关系需要妥善地安排和恰当地处理。

（4）企业经营哲学的选择。企业经营哲学是指企业在从事生产经营活动中所特有的基本信念、价值观念和行为准则。其内涵就是企业经营者有广大员工的世界观和方法论。作为世界观，它表明企业经营者和员工群众对企业确定的使命和应起的作用以及如何起作用的总体看法；作为企业的方法论，表明经营者和员工群众对企业与各方面发生的经济关系，出现的经济矛盾所持有的态度和解决矛盾所采用的方法。随着我国社会主义市场体制的确定，企业的经营环境发生了重大变化，企业需确立与社会主义市场经济相适应的基本信念、价值观念和行为准则，与之不适应的经营观念、价值观念、行为准则应变革和扬弃。

（5）企业经营方针的选择。企业经营方针是指企业为贯彻战略思想和实现战略目标，突出战略重点所确定的基本原则、指导方略和行动指针。经营方针是企业经营哲学的具体反映，是企业宗旨的表达方式。如企业在产品和服务质量上的方针，既可表述为"以优取胜""以质取胜"的方针，也可表述为"以质量求生存"的方针；在产品品种开发上，既可提出"以新取胜"的方针，也可制定"以品种求发展"的方针；在营销上既可提出"薄利多销"的方针，也可制定"优质优价"的方针。这些不同的方针都有其适用的条件，应从企业实际和市场供需状况出发，做出正确的选择。

（6）企业社会责任的确定。企业向市场、向顾客提供产品和服务，这是企业应对社会承担的首要责任；同时企业还承担着保护消费者权益，保护生态环境，治理"三废"，提供新的就业机会，为社区的公益事业在力所能及的条件下做出一定的贡献。

二、企业使命与企业愿景的关系

为了真正挖掘、提炼、运用、发挥好企业愿景和企业使命的文化理念作用，有必要具体分析、理解企业愿景和企业使命的异同点及其之间的关系。

1. 企业使命与企业愿景的密切联系

企业愿景和企业使命都是对一个企业未来的发展方向和目标的构想和设想，都是对未来的展望、憧憬，也正是因为两者都是对未来展望的共同点，人们很容易理解为一个意思或一个概念，因此在很多不同的企业之间或在一个企业内部经常出现企业愿景和企业使命等互相通用或混用的现象。事实上，当企业在设计和展示企业文化理念时，如果一个企业的员工大多数都不能较准确地、清晰地理解两者的概念和内涵的区别，最好是选用一个有关企业未来发展情形的文化理念，或者企业使命，或者企业愿景。为了避免和集团的员工在企业愿景和企业使命的理解上会出现矛盾或记忆难度的现象，可以只用企业使命一个概念来设计或说明企业未来的发展方向、目标、目的、使命，在企业使命里面在具体再分解到"社会使命""经济使命""产品使命"等三个方面，这样一来，员工理解有关企业未来的文化理念就很清晰了。

2. 企业使命与企业愿景的本质差别

如果一个企业必须要分开表述企业愿景和企业使命才能足以清楚地说明、设计企业未来的发展方向和目标，并对员工产生激励、导向作用，那就首先要在企业愿景和企业使命的概念及其区别上达成统一的理解和认同，尤其是要统一认清企业愿景和企业使命的差别在哪里。

首先，企业愿景是指企业长期的发展方向、目标、目的、自我设定的社会责任和义务，明确界定公司在未来社会范围里是什么样子，这种描述主要是从企业对社会的影响力、贡献力、在市场或行业中的排位、与企业关联群体（客户、股东、员工、环境）之间的经济关系来表述。企业愿景主要考虑的是对企业有投入和产出等经济利益关系的群体产生激励、导向、投入作用，让直接对企业有资金投资的群体、有员工智慧和生命投入的群体、有环境资源投入的机构等产生长期的期望和现实的行动，让这些群体、主体通过企业使命的履行和实现感受到实现社会价值的同时，自己的利益和发展得到保证和实现。

其次，企业使命是在界定了企业愿景概念的基础上，这时就要把企业使命具体地定义到回答企业在全社会里经济领域经营活动的这个范围或层次，也就是说，企业使命只具体表述企业在社会中的经济身份或角色，在社会领域里，该企业是分工做什么的，在哪些经济领域里为社会做贡献。企业使命主要考虑的是对目标领域、特定客户或社会人在某确定方面的供需关系的经济行为及行为效果。

最后，从企业愿景和企业使命等理论概念的关系来讲，企业使命是企业愿景的一个方面，换句话说企业愿景包括企业使命，企业使命是企业愿景中具体说明企业经济活动和行为的理念，如果要分开来表述企业愿景和企业使命，企业愿景里就应不再表达企业经济行为的领域和目标，以免重复或矛盾。

三、确定企业使命的必要性

企业使命对战略管理来说十分重要。实践表明，一个企业要取得真正的成功，单靠资金、技术、产品等还不够，必须有一套明确的指导思想和价值观念。

1. 明确企业发展方向

明确企业发展方向可帮助企业界定战略的边界，排除某些严重偏离企业发展方向、前景不明的投资领域，从而做到目标明确、力量集中，保证企业内各公司经营目标的一致性。

企业使命反映了企业领导人的企业观，它不仅受企业外部环境等客观因素的影响，更会受到企业高层领导人政策水平、科学知识、实践经验、思想方法和工作作风等主观因素的影响。

明确企业的使命也有利于吸引志同道合的人才。同时，也使公众对企业的政策有清楚的了解，并得到信任、好感和合作，使企业政策能够符合公众的需求，从而企业与公众都能获得利益，使企业更好地承担自己的社会责任。

2. 协调企业内外部矛盾

各个利益主体对企业使命都有不同要求，公众比较关心企业的社会责任，股东比较关心自己的投资回报，政府主要关心税收与公平竞争，地方社团更为关心安全生产与稳定就业，职工比较关心自己的福利及晋升。因此，各利益主体可能会在企业使命认识上产生分歧与矛盾，一个良好企业使命的表述，应当能在不同程度上满足不同利益相关者的需要，注意协调好他们之间的关系。

3. 帮助企业建立客户导向的思想

良好的企业使命应能反映客户的期望。企业经营的出发点就是要识别客户的需要并努力满足客户的需要，这是企业进行使命定义时的根本指导思想。所以，在定义企业使命时，必须明确企业的产品和服务对客户所具有的效用，企业想要生产什么不是最重要的，对企业未来成功最重要的是客户想买什么、珍视什么，而客户所购买的或认为有价值的绝不是产品或服务本身，而是体现在产品和服务所能够带来的效用，即产品或服务所能提供给客户的满足。明确企业应该提供的产品与服务只是一种手段，目的是要满足社会和客户的需求，一定要弄清手段与目的的关系。

4. 企业战略制定的前提

企业使命是确定企业战略目标的前提。只有明确地对企业使命进行定位，才能正确地树立起企业的各项战略目标。其次，企业使命是战略方案制定和选择的依据。企业在制定战略过程中，要根据企业使命来确定自己的基本方针、战略活动的关键领域及其行动顺序等。

5. 企业战略的行动基础

企业使命是有效分配和使用企业资源的基础。有了明确的企业使命，才能正确合理地把有限的资源分配在关键的经营事业和经营活动上。其次，企业使命通过对企业存在的目的、经营哲学、企业形象三方面的定位而为企业明确经营方向、树立企业形象、营造企业文化，从而为企业战略的实施提供激励。

四、企业使命的表达与制定

1. 企业使命的界定与表达

企业使命是企业生产经营的哲学定位，也就是经营观念。企业确定的使命为企业确立了一个经营的基本指导思想、原则、方向、经营哲学等，它不是企业具体的战略目标，或者是抽象地存在，不一定表述为文字，但影响经营者的决策和思维。这中间包含了企业经营的哲学定位、价值观凸显以及企业的形象定位。因此，确定企业使命是一个复杂的系统过程，除应遵循一定的步骤外，还需把握以下要点。

（1）企业使命表述应简洁、有力。使命的表述应该简洁、有力，令人信服和振奋人心，这样有利于培养管理者的使命感，促使"使命"成为管理者内在的驱动力，进而激发出一种完成"使命"的责任感和成功的强烈欲望。简短有力，富有挑战性的使命能让员工时时记得自己的目标是什么，工作努力的方向在哪里。

（2）企业使命应追求各方利益的和谐。制定使命宣言的信息必须来自各个方面，如客户、供货商、上级主管部门、工作职责目标等，要追求各方利益的和谐。佛瑞德·大卫认为，企业使命应尽可能包含顾客、产品或服务、技术、公司哲学、自我认知、对公众形象的关心、对员工的关心、对生存、增长和盈利的关心等9个要素。此外，企业还应不断审视外部环境的变化，使得使命宣言既具有可行性又具有挑战性，既具有稳定性又具有动态性。

（3）企业使命应与远景、价值观密切结合。使命给出了企业存在的理由，为企业注入了激情和耐心，但并没有告诉员工企业未来的景象。仅有使命，没有远景的组织不能有效地界定组织所希望达到的、最终可以评估的目标是什么。组织的价值观是组织的一套坚定的信念，它指导组织活动的开展。使命与共享的价值观相结合，能够建立起员工之间的协作和信任关系，使得组织更勇于冒险和尝试新方法，更乐于学习和发展。例如，惠普的核心价值观是"信任并尊重个人；追求卓越的成就和贡献；靠团队精神达到共同目标；鼓励灵活性和创造性"，其共享的远景是"让人类驾驭科技的机会"，其使命是"创造信息产品，以加速知识的进步，并从本质上提高个人和组织的效率。"这三者有效地结合在了一起，形成了著名的"惠普之道"，极大地刺激了公司的发展和经营业绩的增长。

（4）企业使命应以增强企业竞争力为出发点。作为一个社会组织，企业应当承担应有的公共责任和使命，但归根结底，要服务于企业竞争力的增强。迈克尔·波特认为："企业从事公共事业的目标，从表面上看是为了博得更多的认同和社会影响，而实质上，则应该集中于公司竞争力的增强。"因此，在明确企业使命时，还要防止走极端，不要去追逐过多的公共责任，在道德进步和公共利益中有所担当就好。

（5）企业使命应体现企业的独特性、专业性。企业使命必须能表明企业的独特贡献，团队或部门使命必须能表明团队或部门的独特贡献。例如，公司捐赠利润的一定比例给慈善机构或许是一种很大的贡献，但除非这能表明公司的独特性，否则就不能称之为使命。企业使命还应表明企业的专业性，有明确的边界感，不掺杂不可捉摸的、容易被夸大的要素。过去100年来企业使命的衍变轨迹表明，企业使命正由"抱负化的使命"向"专业化的使命"衍变，"玫瑰色"被更为理性的"深蓝色"替代。例如，微软公司创办之初，公司的使命被定义为：让每张桌面上和每个家庭里都有一台电脑。2000年前后，微软公司重新定义了其使命：在微软，我们的使命是创造优秀的软件，不仅使人们的工作更有效益，而且使人们的生活更有乐趣。

2. 企业使命确定应考虑的因素

确定企业使命应综合考虑各方面的因素，具体来说主要包括以下几个方面。

（1）外部环境。外部环境是企业生存和发展的基本条件。外部环境发生变化时，企业使命必须做出相应的改变。特别是对这些变化可能带来的威胁和机遇，企业更要善于发现和及时做出反应。

（2）企业领导者的偏好。企业主要领导者偏好对企业使命的确定有很大影响。企业主要的领导者都有自己的人生观和价值观，对某些问题有着自己独特的偏好，如追求产品的创新、注重产品的品质或顾客服务等，这些偏好对企业使命的确定有很大影响。

（3）企业的发展历史。现实和未来是相连的，不了解过去，就无法规划未来。因此，确定企业使命应考虑企业的发展历史，吸取经验教训。

（4）企业资源。企业资源是企业实现其使命的物质基础，主要包括人力资源、金融资源、物质资源、信息资源和关系资源等。确定企业使命应该从企业资源的实际出发。

（5）企业的核心能力。在确定企业使命时，企业应明确自身的竞争优势，从而指导企业获取较高的市场地位。

（6）其他与企业相关利益者的要求与期望。企业的利益相关者包括：股东、员工、债权人、顾客、供应商、竞争者、政府、社区和公众等。这些利益相关者的要求和期望也应该是确定企业使命必须考虑的因素之一。

3. 企业使命的确定原则

企业使命的重要性是毋庸置疑的，但不是每个公司都真正理解并身体力行。使命就是公司存在的理由。使命是公司事业的价值取向和事业定位。指明了公司对经济和社会应做出什么贡献。使命代表着公司的目的、方向、责任。规定着公司的发展目的、发展方向、奋斗目标、基本任务和指导原则。很多企业都有自己的使命陈述，可同样很多企业的使命都没有转化为公司的自觉行为，没有成为凝聚企业全体成员的感召和动力。因此，确定企业使命一定要遵循一定的原则。

（1）合理性原则。企业使命不是随便任意写的，看看大多数企业使命都是些主观口号性的东西。使命的确立有其方法，但现在的管理教材在谈到企业使命的重要性时，都只谈使命的重要性，或举一些企业的使命陈述作为案例，没有讲述如何去确定适合企业的正确而合理的使命。

（2）可能性原则。使命的形成是在主体和环境之间展开的，是要解决主体意愿和环境可能之间的矛盾，解决其可能性的问题。包括机会利用的可能性和机会实现的可能性。机会利用的可能性涉及环境的供需情况，机会实现的可能性涉及主体的利益包容情况。通过对各类信息的综合分析，了解需求的容许范畴，并对其做出可用与否和能用与否的检验，明确什么时间、什么空间、哪部分人群、干什么事最有意义、最符合客观环境的核心条件。只有既可用（物质性）又能用（能动性）的机会，才是切实的。由此形成的客体使命可能，才有实际意义。使命反映的是组织应当而且可以负有的重大社会责任。只有是组织能胜任而又能被环境所接纳的重大社会责任才形成组织的使命可能。使命要有针对性。使命不是一成不变的，使命是一个历史的范畴、动态的概念，在不同时期有不同的内涵。

（3）真诚性原则。使命是发自组织内心的，是一种自觉的意识。而现在很多企业的使命是写给客户、员工和社会看的，只是为了装饰，不是老板或高层自觉的意识和行为。是虚假的使命，所以起不到应有的作用。一个企业的使命必须是组织能胜任而又能被环境所接纳的责任才是合理的，使命要符合所选择事业发展的趋势，而且使命的确立本身是自觉的、真诚的，并且企业所有的行为都是围绕企业的使命在进行，才能被客户、员工和社会所认可接纳，才能激励企业的员工为实现其使命而奋斗。

五、企业使命管理

企业使命管理是指企业通过使命的定义和强化来指引和影响企业成员，为实现企业愿景而做出努力的过程。企业使命管理的关键任务，就是通过使命分解、量化、实施等过程实现使命与实践的统一，由此获取企业的竞争优势。企业使命管理的实施，可大致分为以下几个方面的内容。

1. 加强对企业使命基本作用的认识

要认识企业使命的基本作用，即企业使命要体现社会对企业的期望和需求，体现企业道德，集合企业全体成员的意志；激发人的感情和创造力，使每一个人具有使命感，感到自己是事业的一部分；使命能经得起时间的考验，长期支持企业朝既定的方向前进。

2. 将确定下来的企业使命文字化

企业使命通常由企业的创立者确立。可依据企业的现状和职能抽象企业使命的内容，或者从企业的未来趋向推出企业使命宣言。有时，刚起步的公司对使命还难以准确描述，需要逐步积累出企业使命内容。对于按事业部结构组织的大型公司来说，其战略决策者还应关心整个公司、事业部以及职能领域等各个层次的使命表述与战略制定问题，考虑怎样才能有效地推动各个事业部积极开展包括开发使命表述在内的企业战略管理活动。

3. 使命评估

对于制定的使命，组织必须要给予反馈以进行检查。审视使命是否给出了存在的理由，是注重客户和结果导向的吗？能把所有成员的精力集中在一起吗？与远景相互结合了吗？与核心价值观一致吗？

4. 使命的宣传与灌输

企业使命宣言不仅仅是企业的座右铭或标语口号，而且是企业的目标、理想、行为、文化及策略，是企业在经营、道德及财务方面的指导方针。因此，企业使命不能仅仅停留在纸面上，必须传播给每个员工成为人所共知，还要将使命理念传递给顾客、供应商、经销商、债权人、政府管理部门、竞争者、社会公众和舆论界等。当使命变成企业的自律宗旨，并能经常鼓舞员工乃至整个企业时，企业使命才算真正确定下来，也真正能发挥效力。

5. 使命重审

世界上没有一成不变的东西，在科技和信息发达的今天，环境、顾客以及顾客的需求变化很快。组织的使命也必须随着组织环境的变化而变化，就像我们打开窗户看风景一样，每次只能看到尽可能远的风景，而窗外的风景是会改变的，所以需要每隔一段时间就重新审视一下我们的使命，看看它与窗外的风景是否合拍。

6. 建立起完整的使命管理制度

为了增强使命管理的长效性，必须将使命管理制度化、规范化。首先，要建立起使命管理的培训体系，除了对企业现有员工进行培训外，还要保证对每一位新进员工进行培训；其次，将企业使命转化为部门使命与岗位使命，与日常工作任务结合起来；最后，要建立起围绕使命的绩效考核制度和激励机制。衡量业绩的标准应是企业使命，而不仅仅是利润，这样可以避免企业的短期行为。建立制度的最终目的，是实现企业管理的使命化。

第三节 企业战略目标

一、企业战略目标的内涵

1. 企业战略目标的概念

企业要制定正确的经营战略，仅仅有明确的企业使命还不够，必须把使命转化成具体的战略目标。企业使命比较抽象，战略目标则是比较具体的业绩目标，是使命的具体化。因此，企业战略目标是指企业在实现其使命过程中所追求的长期结果，是在一些最重要的领域对企业使命的进一步具体化。它反映了企业在一定时期内经营活动的方向和所要达到的水平，既可以是定性的，也可以是定量的，比如竞争地位、业绩水平、发展速度等。

企业战略目标是企业经营战略的核心，反映了企业的经营思想，表达了企业的期望，指明了企业今后较长时期内的努力方向。从广义上看，企业战略目标是企业战略构成的基本内容，战略目标是对企业战略经营活动预期取得的主要成果的期望值。从狭义上看，企业战略目标不包含在企业战略构成之中，它既是企业战略选择的出发点和依据，又是企业战略实施要达到的结果。

在企业战略管理过程中，企业战略目标是对企业战略经营活动预期取得的主要成果的期望值。战略目标的设定，同时也是企业愿景的展开和具体化，是企业愿景中确认的企业经营目的、社会使命的进一步阐明和界定，也是企业在既定的战略经营领域展开战略经营活动所要达到的水平的具体规定。

2. 企业战略目标的战略定位

企业战略目标是企业使命和宗旨的具体化和定量化，是企业的奋斗纲领，是衡量企业一切工作是否实现其企业使命的标准，是企业经营战略的核心。

在企业发展过程中，企业战略目标有着非常重要的意义和作用。

（1）企业战略目标是企业使命的具体化和数量化。企业使命比较抽象，如果不落实为定量化的战略目标，则企业的战略任务就有落空的危险。战略目标是企业在一段时间内所需实现的各项活动的数量评价。有了战略目标，可以把企业各单位、部门、各项生产经营活动有机地连接成一个整体，能够实现企业外部环境、内部条件和企业目标之间的动态平衡，发挥企业的整体功能，提高经营管理的效率。

（2）企业战略目标对企业的行为具有重大指导作用。正确的战略目标是企业制定战略的基本依据和出发点，战略目标明确了企业的努力方向，体现了企业的具体期望，表明了企业的行动纲领；它是企业战略实施的指导原则，战略目标必须能使企业中的各项资源和力量集中起来，减少企业内部冲突，提高管理效率和经济效益；它是企业战略控制的评价标准，战略目标必须是具体的和可衡量的，以便对目标是否最终实现进行比较客观的评价考核。

（3）企业战略目标为战略方案的决策和实施提供评价标准和考核依据。战略方案是实现战略目标的手段，有了战略目标，就为评价和择优选取战略方案提供了标准，同时，也为战略方案的实施结果提供了考核的依据，从而促进经营战略的实现。

（4）企业战略目标是企业员工积极性和创造性的鼓励。企业战略目标规定了公司行进的方向，清晰了各级组织和每个员工的需求，这对职工是一种鼓动，一种发动，它会鼓励每位职工发扬本人的积极性和创造性，为完结公司使命和使命而尽力。因此，有了战略目标，不只使整个企业有了清晰的发展方向，并且还使企业的各个方面、各个层次有了奋斗目标，从而使企业各方面的资源在这些目标引导下汇集起来，构成一股合力，推进企业不断发展。

3. 企业战略目标的特点

战略目标与企业其他目标相比，具有以下一些特点。

（1）宏观性。战略目标是一种宏观目标。它是对企业全局的一种总体设想，它的着眼点是整体而不是局部。它是从宏观角度对企业的未来的一种较为理想的设定。它所提出的，是企业整体发展的总任务和总要求。它所规定的，使整体发展的根本方向。因此，人们所提出的企业战略目标总是高度概括的。

（2）长期性。战略目标是一种长期目标。它的着眼点是未来和长远。战略目标是关于未来的设想，它所设定的，是企业职工通过自己的长期努力奋斗而达到的对现实的一种根本性的改造。战略目标所规定的，是一种长期的发展方向，它所提出的，是一种长期的任务，绝不是一蹴而就的，而是要经过企业职工相当长的努力才能够实现。

（3）相对稳定性。战略目标既然是一种长期目标，那么它在其所规定的时间内就应该是相对稳定的。战略目标既然是总方向、总任务，那么它就应该是相对不变的。这样，企业职工的行动才会有一个明确的方向，大家对目标的实现才会树立起坚定的信念。当然，强调战略目标的稳定性并不排斥根据客观需要和情况的发展而对战略目标做必要的修正。

（4）全面性。战略目标是一种整体性要求。它虽着眼于未来，但却没有抛弃现在；它虽着眼于全局，但又不排斥局部。科学的战略目标，总是对现实利益与长远利益，局部利益与整体利益的综合反映。科学的战略目标虽然总是概括的，但它对人们行动的要求，却又总是全面的，甚至是相当具体的。

（5）可分性。战略目标具有宏观性、全面性的特点本身就说明它是可分的。战略目标作为一种总目标、总任务和总要求，总是可以分解成某些具体目标、具体任务和具体要求的。这种分解既可以在空间上把总目标分解成一个方面又一个方面的具体目标和具体任务，又可以在时间上把长期目标分解成一个阶段又一个阶段的具体目标和具体任务。人们只有把战略目标分解，才能使其成为可操作的东西。可以这样说，因为战略目标是可分的，因此才是可实现的。

（6）可接受性。企业战略的实施和评价主要是通过企业内部人员和外部公众来实现的，因此，战略目标必须被他们理解并符合他们的利益。但是，不同的利益集团有着不同的甚至是相互冲突的目标，因此，企业在制定战略时一定要注意协调。一般的，能反映企业使命和功能的战略易于为企业成员所接受。另外，企业的战略表述必须明确，有实际的含义，不至于产生误解，易于被企业成员理解的目标也易于被接受。

（7）可检验性。为了对企业管理的活动进行准确的衡量，战略目标应该是具体的和可以检验的。目标必须明确，具体地说明将在何时达到何种结果。目标的定量化是使目标具有可检验性的最有效的方法。但是，由许多目标难以数量化，时间跨度越长、战略层次越高的目标越具有模糊性。此时，应当用定性化的术语来表达其达到的程度，要求一方面明确战略目标实现的时间，另一方面须详细说明工作的特点。

（8）可挑战性。目标本身是一种激励力量，特别是当企业目标充分地体现了企业成员的共同利益，使战略大目标和个人小目标很好地结合在一起的时候，就会极大地激发组织成员的工作热情和献身精神。

二、企业战略目标的构成

1.企业战略目标体系

企业战略目标不止一个，而是由若干目标项目组成的一个战略目标体系。从纵向上看，企业的战略目标体系可以分解成一个树形图。在企业使命和企业宗旨的基础上制定企业的总战略，为了保证总目标的实现，必须将其层层分解，规定保证性职能战略目标；也就是说，总战略目标是企业主体目标，职能性战略目标是保证性的目标。

从横向上来说，企业的战略目标大致可以分成两类。

第一类是用来满足企业生存和发展所需要的项目目标，这些目标项目又可以分解成业绩目标和能力目标两类。业绩目标主要包括收益性、成长性和安全性指标等三类定量指标。能力目标主要包括企业综合能力指标、研究开发能力指标、生产制造能力指标、市场营销能力指标、人事组织能力指标和财务管理能力指标等一些定性和定量指标。

第二类是用来满足与企业有利益关系的各个社会群体所要求的目标。与企业利益关系的社会群体主要有顾客、企业职工、股东、所在社区及其他社会群体。

2. 企业战略目标的结构

企业的战略目标应转化为具体的一系列指标，成为各部门、各单位直至每个人的行动指南。由于对战略目标的认识不同，因而对目标的构成也有不同的看法，分类的角度也不同。按照企业战略的指标体系可以将战略目标的结构分解为以下几个方面。

（1）发展性目标。即提高企业各方面素质，增强其发展能力的目标，如生产规划目标、人员素质目标、技术进步目标、产品开发目标、管理现代化目标、质量水平目标等。

（2）效益性目标。即产出目标、投入目标，产出与投入对比目标，如成本目标、利润目标、资金利润率目标等。

（3）竞争性目标。即在市场竞争中提高自己的竞争地位，争取在行业竞争中取得较高的产品占有率、市场占有率和市场覆盖率。

（4）利益性目标。即在增加对国家贡献和满足顾客需要的前提下，增加对投资者的回报目标，增加企业收益和经营者、劳动者收入的目标。

3. 企业战略目标的内容

企业的战略目标是多元化的，既包括经济性目标，也包括非经济性目标。企业的战略决策者应从以下几个方面来考虑企业战略目标的内容，但不必全部包括下面的所有项内容，找出对本企业发展最关键的指标作为企业战略目标。

（1）盈利能力。企业作为一个经济实体，必须获得经济效益，才能够生存和发展。企业经营的成效在很大程度上表现为具有一定的盈利水平，常用的利润目标包括利润额、资本利润率、销售利润率、投资收益率、每股平均收益率等。

（2）生产效率。企业要不断地提高生产效率，经常用投入产出比率、年产量和设备自动化水平等指标来衡量企业的生产效率，有时也会把产品成本降低率、产品质量和废品率等指标作为企业生产效率指标提出来进行分析。

（3）市场竞争地位。企业经营成效的表现之一是企业在市场上竞争地位的提高。我国的一些大型企业经常把在国际、国内的市场竞争地位列为一个战略目标，以测定其在竞争中的相对实力。通常以市场占有率、总销售收入、准时交货、增加售后服务项目、顾客满意度以及比竞争对手有更好的企业形象等指标衡量企业的市场竞争地位。

（4）产品目标。产品目标通常用产量、质量、品种、规格、产品销售额、优质品率、产品盈利能力、新产品开发周期等来衡量。

（5）财务状况。企业财务状况是企业经营实力的重要表现。我国的许多大中型企业财务状况不佳、竞争力低及活力不强，因此应当把企业财务状况作为企业经营的一个重要目标。通常以资本构成、流动资金、新增普通股、红利偿付、固定资产增值、总成本、收益增长、提高资本回报率、获得经济附加价值、良好的证券和信用评价等指标衡量。

（6）企业建设和发展的目标。企业为适应内外环境变化必须不断发展，因此企业的建设和发展应成为企业战略目标中的一个重要内容。这方面的目标指标有：年产量增加速度、经济效益提高速度、企业生产规模的扩大、生产用工作面积的扩大、生产能力的扩大、生产自动化、数控化、信息化水平的提高以及企业管理水平的提高等。

（7）市场目标。市场是企业竞争的战场，市场目标是企业竞争的重要目标。常用的衡量指标有：市场占有率、市场覆盖率、产品销售额、产品销售量、新市场的开发和传统市场的渗透等。

（8）企业的技术水平。未来战略期内企业在技术上应达到什么水平，往往也是企业战略目标中的重要内容。企业必须从现在行业中的实际技术水平出发，决定在未来战略期内的技术状态。衡量指标有：应完成的开发和创新项目、新产品开发费用占销售额的百分比、新产品开发速度和新产品获得的专利数量等。

（9）人力资源的开发。企业的发展不仅依赖于职工、技术人员的数量增加，还依赖于企业内所有人员素质的提高。衡量指标有：在未来几年内企业培训人数及培训费用、技术人员在全体职工中比例的增长、各种技术职称比例的增加、职工技术水平的提高、人员流动率、缺勤率及迟到率、淘汰率的降低等。

（10）职工福利。职工的福利待遇满足状况对企业生产经营有直接影响，是企业的内在动力，是衡量企业经营效果的尺度。衡量指标有：工资水平的提高、福利设施的增加、住房条件和教育条件的改善等。

（11）社会责任。社会责任目标反映了企业对社会贡献的程度，企业作为社会中的一个子系统，对社会需要承担一定责任，因此企业只履行自身的经营责任是远远不够的，它还要考虑到社区、消费者、相关企业、股东、社会整体以及国家的利益。因此，企业不仅应有经济观念，还应具有社会观念、公众利益观念及人类生存与发展观念。

三、企业战略目标的制定

1. 企业战略目标的制定过程

一般来说，确定战略目标需要经历调查研究、拟定目标、评价论证和目标决断这四个具体步骤。

（1）调查研究阶段。在制定企业战略目标之前，必须进行调查研究工作。但是在进入确定战略目标的工作中还必须对已经作过的调查研究成果进行复核，进一步整理研究，把机会和威胁，长处与短处，自身与对手，企业与环境，需要与资源，现在与未来加以对比，搞清楚它们之间的关系，才能为确定战略目标奠定起比较可靠的基础。调查研究一定要全面进行，但又要突出重点。为确定战略而进行的调查研究是不同于其他类型的调查研究的，它的侧重点是企业与外部环境的关系和对未来研究和预测。关于企业自身的历史与现状的陈述自然是有用的，但是，对战略目标决策来说，最关键的还是那些对企业未来具有决定意义的外部环境的信息。

（2）拟定目标阶段。经过细致周密的调查研究，便可以着手拟定战略目标了。拟定战略目标一般需要经历两个环节：拟定目标方向和拟定目标水平。首先在既定的战略经营领域内，依据对外部环境、需要和资源的综合考虑，确定目标方向，通过对现有能力与手段等诸种条件的全面衡量，对沿着战略方向展开的活动所要达到的水平也做出初步的规定，这便形成了可供决策选择的目标方案。前面对企业战略目标包含的内容已经做出了介绍。在确定过程中，必须注意目标结构的合理性，并要列出各个目标的综合排列的次序。另外，在满足实际需要的前提下，要尽可能减少目标的个数。在拟定目标的过程中，企业领导要注意充分发挥参谋智囊人员的作用。要根据实际需要与可能，尽可能多地提出一些目标方案，以便于对比选优。

（3）评价论证阶段。战略目标拟定出来之后，就要组织多方面的专家和有关人员对提出的目标方案进行评价和论证。在评价论证阶段，第一，要论证和评价需围绕目标战略是否正确进行。要着重研究拟定的战略目标是否符合企业精神，是否符合企业的整体利益与发展需要，是否符合外部环境及未来发展的需要。第二，要论证和评价战略目标的可行性。论证与评价的方法，主要是按照目标的要求，分析企业的实际能力，找出目标与现状的差距，然后分析用以消除这个差距的措施，而且要进行恰当的运算，尽可能用数据说明。如果制定的途径、能力和措施，对消除这个差距有足够的保证，那就说明这个目标是可行的。还有一个倾向要注意的是，如果外部环境及未来的变化对企业发展比较有利，企业自身也有办法找到更多的发展途径、能力和措施，那么就要考虑提高战略目标的水平。第三，要对所拟定的目标完善化程度进行评价。要着重考察目标是否明确、目标的内容是协调一致、有无改善的余地等问题。如果在评价论证时，人们已经提出了多个目标方案，那么这种评价论证就要在比较中恰当进行。通过对比、权衡利弊，找出各个目标方案的优劣所在。拟定目标的评价论证过程，也是目标方案的完善过程。要通过评价论证，找出目标方案的不足，并想方设法使之完善起来。如果通过评价论证发现拟定的目标完全不正确或根本无法实现，那就要回过头去重新拟定目标，然后再重新评价论证。

（4）目标选择阶段。在决断选定目标时，要注意从以下三方面权衡各个目标方案：一是目标方向的正确程度；二是可望实现的程度；三是期望效益的大小。对这三个方面宜作综合考虑。所选定的目标，三个方面的期望之都应该尽可能大。目标决断，还必须掌握好决断时机。因为战略决策不同于战术决策。战术目标决策常常会时间比较紧迫，回旋余地很小，而且战略目标决策的时间压力相对不大。在决策时间问题上，一方面要防止在机会和困难都还没有搞清楚之前就轻率决策;另一方面又不能优柔寡断,贻误时机。

2. 企业战略目标制定应考虑的因素

简单来讲,制定企业战略目标就是综合考虑企业经营管理过程中的问题,考虑好这些问题,企业战略目标也就清晰可见了。

(1)企业的定位问题。企业无论大小首先要明确自己的业务对象,即为谁提供产品或服务。业务对象越明确,准备也就越充分,工作也就越有针对性,其成功的概率也就高;业务对象模糊,准备工作很难聚焦,即使碰巧摸到了业务对象,也很难打动对方。因此,制定企业战略目标,首先要识别自己的客户特征,比如是大企业还是中小企业、新企业还是老企业、中老年还是青少年、男人还是女人等。只有辨清客户的基本特征,才可以恰当地设计自己的产品或服务,有效区隔竞争对手,抢占市场份额。

(2)企业的利润来源。如何创造利润,指的是企业要设计好产品组合或服务组合。在市场经济日趋成熟的今天,每组产品或服务都要赚钱已经成为一种奢望,成熟的企业必须知道自己的进攻产品(服务)是哪些,防守产品(服务)是哪些,这些产品(服务)仅可能保本甚至亏损,但为了赢得或保护市场而必须继续存在,只有这样才能维护企业核心产品、稳定利润和市场份额。

(3)企业保护利润渠道。高额利润是企业经营者竞争的焦点,如何保护利润自然也是企业战略的核心内容之一。通常自我保护的方法有专利申请、品牌积累、渠道控制等,如可口可乐的配方、奔驰、宝马的品牌、沃尔玛、家乐福的销售渠道等,正是这些经营策略打造了企业的核心竞争能力,使它们穿越历史和地域,成为经久不衰的标杆企业。

(4)企业经营范围的界定。企业经营讲究"有所为有所不为",就是企业要清楚自己能做什么,不能做什么;该做什么,不该做什么,这样才能有所作为。许多大型企业垮掉的原因都是主营业务不突出,跨行业过多,最后导致资金链断裂。因此,在确定企业战略目标时一定要界定清楚企业的业务范围,持续培养企业的核心竞争能力。

3. 企业战略目标的制定原则

在战略构思的基础上,根据已经确定的企业社会责任、社会定位、市场定位、目标客户群定位,确定企业要做的事业和需要实现的目的,规定组织完成其规划任务需要达到的状况和实现的目标,这就是企业的战略目标。企业战略应该量化或者定性为具体的目标,制定企业战略目标时,应坚持以下原则。

(1)制定企业战略目标应坚持目标系统的协调性原则。制定企业战略目标时应考虑系统的协调性。完成制定的企业战略目标,需要靠每一个层次、各个子系统的协调、配合,一般有三个方面的协调需要:一是目标层次的协调性。要有总的战略目标,分战略目标和必要的指标体系。二是职能目标的协调性。为完成总目标,需要为各个管理职能确立的目标，比如经济效益、技术进步、产品质量、管理水平、团队建设、人才培养、市场培育与市场占有等。在总目标前提下，分目标或者管理职能目标必须相对具体，有量化、权重百分比。三是时间的协调性。把总目标的实现划分成若干个时间阶段，比如长期目标、中期目标和短期目标，使时间上实现衔接和协调。一般房地产公司的中、短期时间目标划分以项目周期为原则，在大项目的前提下，制定年度或者跨年度分期实现目标。

（2）制定企业战略目标应坚持简洁性原则。企业的经营战略的制定，说到底是为了战略目标的实现，这个实现过程应该是全体企业员工共同的努力朝着目标前进的过程，因此，企业战略应该能够让员工理解、明白、易记，知道在这个战略实施过程中自己的作用，把自己的作用自觉地融入企业战略的系统中，这种认识可以激励能动性，而能动性就是变督促工作，为目标指导下的主动工作，进而就有了创新和创新力、执行力，有了在战略促进和约束条件下的行为规范。

（3）制定企业战略目标应坚持"自上而下，再自下而上"原则。在制定企业战略目标过程中，应该把决策层的意志或者决定按层次拿给管理层，直至执行层讨论，充分发挥集体的智慧，把战略制定行为变成全体员工的事，增加员工的"主人公"意识，体现企业对员工的尊重，同时也是全员参与和有效的宣贯，这个过程是非常必要的。有些领导者，不认可员工在战略制定上的作用，认为战略的制定这仅仅是决策层或者老板的事，忽略了管理层和执行层的作用，往往是推行困难，形成了两张"皮"，甚至被决策层自己无奈地束之高阁。

（4）制定企业战略目标应坚持"全员参与"原则。企业经营战略的制定需要全体员工的参与，这不仅体现在集体的智慧，还是对员工的尊重，也是实施行动执行力的保证。让全体员工明白企业发展的愿景，知道自己伴随企业的进步会不断地改善自己和家人的生活质量，也就有了同舟共济的动力。把全体员工参与制定的战略，细化成实施或者需要实现目标，自上而下的分解，变成管理职能目标和全体员工的行为规则，使大家都知道企业将会怎样发展、向哪个方向发展，自己评估自己对目标过程实现的适应性，决定自己应该努力的方向。

（5）制定企业战略目标应坚持利益一致原则。在现代企业中，员工和老板间的关系实际上就是劳资双方的雇佣与被雇佣关系，薪酬是联系劳资双方的纽带，尊重和激励是企业执行力的促进手段，远景和实现共同的价值观使员工可以长期参与和执行力的保证。如何通过战略目的实现，把劳资双方用利益、尊重、共同价值实现变成具体的执行力，也是企业经营战略的一部分。目标实现光靠制度约束是不行的，必须有责、权、利的统筹，要让员工明白他们可以与企业共享发展成果，这就是促进目标实现的激励机制。

第四章 企业战略选择

第一节 企业战略选择概述

随着全球经济一体化的持续发展和市场竞争的日趋激烈,企业将面临更加严重的挑战。企业要在激烈的竞争环境中生存和发展,必须重视经营战略的选择。企业只有具有战略眼光,形成适合自己的发展战略,才能在经济全球化的环境下,看准方向,把握时机,获得更快更好的发展。

一、企业战略选择的含义

企业战略实际上是一家业务多元化的企业整体上的策略规划,它包括企业为其所涉足的各个业务单元在各自不同的行业中确立相应的地位所采取的各种策略和行动,以及企业用以管理多元化业务相互关系及协调发展的策略和方法。业务战略是指企业某一些业务的策略规划,它所要回答的核心问题是如何建立并加强企业在行业市场上的竞争地位,特别是长期竞争地位。战略的本质是选择,企业之所以要做战略,是因为企业的资源和能力毕竟有限,能力不足,不能所有的都选择。企业战略选择是以市场为主导的,综合考虑市场竞争的多种因素而对企业的战略做出正确选择的过程。

随着世界经济全球化和一体化进程的加快和随之而来的国际竞争的加剧,对企业战略的要求愈来愈高。每一种经营都是根据某种战略来进行的。战略是企业前进的方向,是企业经营的蓝图,企业依此建立其对客户的忠诚度,赢得一个相对其竞争对手持续的竞争优势。战略选择的目的在于建立企业在市场中的地位,成功地同竞争对手进行竞争,满足客户的需求,获得卓越的企业业绩。

企业战略管理是一个不断循环、永远没有终点的过程,而不是一个既有起点又有终点的简单事件。战略管理的任务无论从内容上还是从时间上来讲都不存在完全明确、可以分割的界限,也没有严格的先后顺序,它们之间只是一种概念上的区别。在战略管理的过程中,战略管理的任务必须作为一个整体来进行,而不能人为地将其割裂开来。无论是企业的远景规划和业务使命、目标体系、具体战略，还是战略实施的过程，在外部环境或内部运作发生变化时，都应根据实际需要对其本身做出适应性地调整。而且，作为企业领导者和战略管理者，重要责任之一就是跟踪战略执行进度，评估企业业绩，监测环境变化，并根据需要采取调整性措施，而这种调整可能会涉及战略管理的各个方面，可能需要调整企业的长远发展方向，可能需要重新界定企业的业务内容，可能需要提高或者降低企业的总体目标，也可能需要对企业的战略及实施策略和行动做出修改和调整。

一般来说，企业的战略选择是为了发挥企业内部的资源、能力、知识、文化优势来适应外界环境的变化，从而击败竞争对手获取可持续的竞争优势。外界环境的机遇与威胁、同行业不同企业的战略竞争是企业战略选择的外在动力；企业内部特有的资源、技术、能力、知识、文化等因素是战略选择的内在约束条件。只有与企业内部资源、能力、知识、文化相匹配的战略才能适应外界环境的变化，才能使企业获取可持续的竞争优势。但是，由于外界环境的多变性、信息的不对称性以及人的有限理性，面对同行业不同企业的战略竞争，战略实施的结果并不能完全达到预期的结果，必须重新思索具体的战略实施结果来不断调整企业的战略，因而，企业的最优战略是一个随着高层管理者认知能力的提高而不断适应内外环境的动态的调整过程。

二、企业战略选择的意义

随着经济的进一步发展，经济全球化已经成为世界经济发展的基本趋势，世界各国或各地区的生产、经营活动都将被纳入全球经济之中，企业的经营环境、市场竞争态势、客户不断变化的需求，一切都充满着变数和风险。企业的管理者殚精竭虑地寻求一条通往成功的道路，努力地朝着设定的企业目标，不断进行创新、变革和演进。这个设定的目标即是基于企业战略选择的企业的生存和发展是竞争中求胜，这种求胜之道即是企业的竞争战略。企业选择什么样的战略，就决定了企业有所为和有所不为，因此，选择正确的企业战略进入市场至关重要。企业战略选择的意义是由企业发展战略本质特征决定的。根据企业战略的本质特征，企业战略选择的意义表现在四个方面。

1. 企业战略选择是谋划企业整体发展的需要

企业是一个由若干相互联系、相互作用的局部构成的整体。局部有局部性的问题，整体有整体性的问题，整体性问题不是局部性问题之和，与局部性问题具有本质的区别。企业发展面临很多整体性问题，如对环境重大变化的问题，对资源的开发、利用与整合问题，对生产要素和经营活动的平衡问题，对各种基本关系的理顺问题。谋划好整体性问题是企业发展的重要条件，要时刻把握企业的整体发展。轮船撞上冰川，全部客舱都进水，所有乘客都遭难。不要认为经理们都能把握企业整体发展，只见树木、不见森林的经理到处可见。

2. 企业战略选择是谋划企业长期发展的需要

企业存在寿命，寿命有长有短。投资、经营者应该树立"长寿企业"意识。为了使企业"长寿"，不但要重视短期发展问题，也要重视长期发展问题。企业长期发展问题不是短期发展问题之和，与短期发展问题具有本质的区别。希望"长寿"的企业面临的长期性问题很多，如发展目标问题、发展步骤问题、产品与技术创新问题、品牌与信誉问题、人才开发问题、文化建设问题。希望长寿的企业就要关心未来。对未来问题不但要提前想到，而且要提前动手解决，因为解决任何问题都需要一个过程。为了吃桃子，三年前就要种桃树；为了防老，年轻时就要生孩子。要正确处理短期利益与长期利益的关系。到了夏季，农民不但要忙于夏收，也要忙于夏耕和夏种。预测未来是困难的，但不是不可能的。谁也想象不到未来的偶然事件，但总可以把握各类事物的发展趋势。人无远虑，必有近忧。领导人不关心企业未来，只知道"火烧眉毛顾眼前"，就等于拿企业的寿命开玩笑。应当指出，不关心企业未来的领导人甚多，正是由于这个原因，少则几年、多则十几年就倒闭的企业为数众多。

3. 企业战略选择是把握企业发展基本问题的需要

在企业发展过程中，领导人要集中精力谋划企业发展的基本性问题。假如企业发展的基本问题解决不好，那么即使再发动员工努力奋斗也不会收到成效，甚至越努力奋斗赔钱越多。领导人要增强基本问题意识。不要只注意把决定的事情办好，也要注意决定本身是否有毛病；不要只忙于摆脱困境，也要忙于铲除困难产生的根源。

4. 企业战略选择是研究企业发展谋略的需要

企业发展战略不是常规思路，而是新奇办法。企业发展战略应该使企业少投入、多产出，少挫折、快发展。谋略是智慧结晶，而不是经验搬家和理论堆砌。智慧之中包含知识，但知识本身并不是智慧。智慧与知识具有本质的区别。许多军事家都有"空城计"知识，但没有诸葛亮那样的智慧，先知为智。智慧是对知识的灵活运用，也是对信息的机敏反应。谋划企业发展靠智慧，谋划企业整体性、长期性发展靠大智慧。谋划企业发展固然要借鉴先进理论和先进经验，但如何借鉴还要靠智慧。

三、企业战略选择应考虑的因素

战略选择是确定企业未来战略的一种决策。关于企业战略选择的决定因素的分析，管理学家和战略管理学家有过很多精辟的论述，总体来看可以分为两条线路：一是从外部环境（特别是产业结构）的视角探讨企业战略选择的决定因素；二是从内部资源和能力的角度研究企业战略选择的决定因素。一般来说，备选战略提出以后，就要进行战略选择。战略决策者经常面临多个可行方案，往往很难做出决断。在这种情况下，影响战略选择的行为因素很多。其中，较为重要的有以下几个方面。

1. 过去战略的影响

在开始进行战略选择时，首先要回顾企业过去所制定的战略。因为过去战略的效果对现行战略的最终选择有极大的影响。现在的战略决策者往往也是过去战略的制造者。由于他们对过去战略投入了大量的时间、资源和精力，会自然地倾向于选择与过去战略相似的战略或增量战略。这种选择与过去战略相似的战略和沿袭过去战略的倾向已渗透到企业组织之中。研究表明，在计划过程中，低层管理人员认为，战略的选择应与现行战略相一致，因为这种战略更易被人接受，推行起来阻力较小。

2. 企业对外界的依赖程度

在战略选择中，企业必然要面对供应商、顾客、政府、竞争者及其联盟等外部环境因素。这些环境因素从外部制约着企业的战略选择。如果企业高度依赖其中一个或多个因素，其最终选择的战略方案就不能不迁就这些因素。企业对外界的依赖程越很大，其战略选择的范围和灵活性就越小。

3. 对待风险的态度

企业如果对风险持欢迎态度，战略选择的范围和多样性便会得到拓展，风险大的战略也能被人接受。反之，企业对风险持畏惧、反对态度，选择的范围就会受到限制，风险型战略方案就会受到排斥。冒险型管理人员喜欢进攻性的战略，保守型管理人员喜欢防守性的战略。

4. 时间因素

时间因素主要从以下几个方面影响战略选择：一是外部的时间制约对管理部门的战略决策影响很大。如外部时间制约紧迫，管理部门就来不及进行充分的分析评价，往往不得已而选择防御性的战略。二是做出战略决策必须掌握时机。实践表明，好的战略如果出台时机不当，可以带来灾难性后果。三是战略选择所需超前时间同管理部门考虑中的前景时间是相关联的。企业着眼于长远的前景，战略选择的超前时间就长。

5. 竞争者的反应

在进行战略的选择时，高层管理人员往往要全面考虑竞争者对不同选择可能做出的反应。如果选择的是直接向某一主要竞争对手挑战的进攻性战略，该对手很可能用反攻性战略进行反击。企业高层管理人员在选择战略时，必须考虑到竞争者的这类反应、其反应的能量，以及它们对战略成功可能产生的影响。

四、企业战略选择的原则

在企业发展过程中，如何制定和选择具有自身特色的发展战略是关键中的关键。因此，企业选择战略时一定要遵循一定的原则，并归纳出一个基本的战略选择模式，才能在正确的战略指引下，实现企业又好又快地发展。

1. 合理性原则

企业选择发展战略，首先要使企业的战略与企业的使命、愿景与目标相一致，与组织内各个部门的目标相一致，这是企业战略选择首先应考虑的问题。同时，应考虑以下几个方面，以实现企业战略的合理性：一是要考虑企业发展的长远性；二是要考虑企业的外部适应性；三是要考虑企业的内部可行性；四是要考虑企业相关者的可接受性。一个成功的战略应该是一个合理的战略，只有合理的战略选择才是正确的战略选择，才能不断促进企业的发展。

2. 竞争性原则

现代战略理论的前沿资源基础理论认为，企业的竞争优势主要来源于企业内部优质的、特异的资源。因此，在进行企业战略选择过程中，企业应认真分析自身的优势和劣势，结合外部环境的机会和威胁，找到本企业与众不同的资源，坚持专业化发展，集中企业内部资源，强化核心专长，由此来培育企业长期的竞争优势。那些"各领风骚二三年"的企业可能正是由于盲目多元化带来优势资源的分化，导致企业竞争优势的瓦解，失去了生命力。

3. 有效性原则

企业没有了市场，就等于人没有了生命。但竞争的全球化和消费者需求周期的变短将使得新市场会不断地出现。这意味着对企业而言，不存在有没有市场机会的问题，存在的只是市场机会是什么？它具体在哪儿？如何找到它？这些就是制定战略潜在出发点和目标。德国著名管理学家沃尔夫冈·梅韦斯认为，如果一家公司把全部有限的资源用于解决精心挑选的一个客户群的问题，那么该公司就能兴旺发达。每个企业都不会有足够的能力面向整个市场，在本行业的所有领域进行竞争，故只能集中力量进入一个目标市场，为该市场开发一种理想的产品，实行高度专业化的生产和销售，这就是目标集聚，也称为集中性经营。坚持这个原则通常是为了使企业在一个细分市场上取得较高的、甚至是支配地位的市场份额，而不是追求在整体市场或较大的细分市场上占有较小的份额。

4. 差异性原则

差异化是将企业提供的产品标新立异，形成全产业内具有独特性的东西。差异化的方式可以是设计或品牌形象、技术特点、客户服务、经销网络及其他方面的独特性。坚持差异化原则可以利用客户对品牌的忠诚以及由此产生的对价格敏感性的下降，可以增加利润却不必追求低成本。企业为保持在特定市场上的优势地位，不以扩大市场规模为目标，而是以开发高附加值的、有别于其他企业的产品为方向，力求达到无人可敌的境地，这样做自然可获得丰厚回报。差异化要求企业要有一定的创新能力，这种创新不一定必须是实质性的创新开发，重要的是顾客能感觉到的创新。企业贴近市场，可根据消费需求，采用差异化战略，生产与其他企业产品有差异的特色产品，吸引消费者。企业如果以特色产品和优质服务赢得消费者的信任，就能树立起良好的市场形象，提高消费者或用户对该企业产品的依赖程度和购买频率。

五、企业战略选择的误区

企业战略选择要结合不同方面的因素进行相关的规划。很多企业由于没有结合自身的实际情况，所以其制定出的发展战略脱离了自身的实际需求。企业发展战略在规划过程中，要掌握其有效的实施方法，依据外部分工和专业化协作来获得规模经济效应，要防止出现战略选择的误区。

1. 对竞争环境的错误判断

许多企业错误地认识和判断竞争环境中所发生的变化。尽管它们中有不少曾占据行业领先地位，呼风唤雨，但它们忽视或误解了竞争环境中变化的征兆，最后导致自身的竞争优势遭受严重侵蚀。因此，在竞争环境分析时，必须正确定义自己的竞争空间，不能只局限于现有竞争者，必须将潜在和新生的竞争者纳入视野。另外，必须构建一个行之有效的竞争信息系统，保证相关信息在组织内部的畅通，并使其能得到妥善的处置应用，能为经营战略的正确制定提供可靠有效的信息平台。

2. 有失偏颇的假设前提

有些企业将自己的战略建立在一系列错误的前提条件之上，或者没有随着环境条件的变化而更新战略决策的前提假设。企业要摆脱这种困境，必须时时对自己习以为常的一些假设、前提和理念缜密验证。一些被认作是理所当然的前提条件往往不经推敲便被采用，由此而来的企业经营策略潜藏着极大的风险。另外所有的前提假设应该有很强的一致性，在总体战略框架内彼此能相互印证。同时可以按照对于企业经营战略的重要性的差异，将不同的前提假设分门别类加于区分对待。最后不要忘记对于各种前提假设，随着时间的推移和环境的演变，一定要重新界定以确保它们的有效性。

3. 竞争优势的自我削弱

战略选择的一个重要误区就是源自采用一成不变的企业战略，或者用静止的观点来看待战略，导致企业不能适应外部环境的变化，企业一时的强势不能成功地转化为可持续的竞争优势。针对这个问题，企业主管必须树立一种全局和动态的意识，把企业活动建立在流程的基础上，注意力集中在企业的价值链上。并要拓展企业活动的范畴使它能涵盖客户和供货商。对于企业价值链的每个环节相对于竞争对手的优劣必须洞若观火，并环绕价值链以多种形式创造价值。应该设法整合企业的各种增值活动，注重竞争环境的动态进程，以创新方式为企业增添独特价值。只有这样，才能使企业在市场上保有可持续的竞争优势。

4. 盲目扩张自损价值

企业往往屈从于不顾自身条件而一味多元化的冲动，盲目进入一些自己并不擅长的业务领域。结果经常是得不偿失，反而削减了企业的价值基础。要使多元化经营有所建树，必须时刻紧扣企业的核心竞争能力。企业的核心竞争能力是企业在市场中的立足之本，是企业竞争优势的源泉。所以在企业多元化的进程中，务必使新的业务领域能得到企业核心竞争能力的有力支持，并在市场上转化为相应的竞争优势，这样才能获取多元化经营中的协同效应。如果从企业价值链的角度出发，新的业务能否成为整个企业现有价值链的自然延伸或有效补充，应该成为多元化经营决策时的重要砝码。

5. 受组织结构制约

在传统的企业组织中，不同部门间泾渭分明，承担不同的职能和责任。而在企业战略的实施过程中，组织结构上的条块分割往往演变为难于逾越的障碍。而要突破此类困境，就需要对传统的组织结构进行脱胎换骨的改造，营造新颖的无边界的组织形态。在这里，同样需要沿用业务流程和价值链的概念和方法。首先要界定战略氛围，找出战略涉及的关键对象以及他们的相互关系。紧接着设计相对应的组织结构，再就是在同一组织内和不同组织间实现协调和整合。只有通过树立明确的目标，有效地沟通，并利用跨职能部门的组织机构，才能突破樊篱，使组织的各个部门珠联璧合，运转自如。

第二节 发展型战略

一、发展型战略的概念

发展型战略是企业在现有战略基础上向更高一级的目标发展战略。该战略以发展为导向，引导企业不断地开发新产品，开拓新市场，采用新的生产方式和管理方式，以便扩大企业的产销规模，提高竞争地位，增强企业的竞争实力。发展型战略也称增长型战略或成长型战略，是一种使企业在现有的战略基础水平上向更高一级的目标发展的战略。它以发展作为自己的核心内容，引导企业不断地开发新产品、开拓新市场，采用新的生产方式和管理方式，以便扩大企业的产销规模，提高竞争地位，增强企业的竞争实力。从企业发展的角度来看，任何成功的企业都应当经历长短不一的发展型战略实施期，因为本质来说只有发展型战略才能不断地扩大企业规模，使企业从竞争力弱小的小企业发展成为实力雄厚的大企业。

发展型战略目标按其对发展速度的追求，可分为三种不同类型的发展型战略目标，它们分别是激进型发展战略目标、稳妥型发展战略目标和保守型发展战略目标。

1. 激进型发展战略目标

激进型发展战略目标是指企业对其发展速度的目标大于其行业发展速度许多倍，以其现有的资源与能力来看战略目标实现有非常大的挑战性的发展型战略目标。激进型发展战略目标需要企业投入较大的资本或其他资源的投入，当行业面临绝佳的发展机会时，如行业被众多消费者认知，正进入快速增长阶段时，或者国家政策的重大变化可能改变行业格局时，或者企业自身在某个技术方面取得突破时，当出现这些情况时比较适合激进型发展战略，如果错失这样的机会，企业可能会永远难以找回类似的机会。

2. 稳妥型发展战略目标

稳妥型发展战略目标是指企业对其发展速度的目标大于其行业发展速度，充分发挥其现有的资源与能力基本能实现战略目标的战略目标。稳妥型发展战略目标需要企业进行一定的资本或其他资源的投入，当行业环境未出现重大变故，企业自身能力也未出现重大变化时，比较适合稳妥型发展战略目标。

3. 保守型发展战略目标

保守型发展战略目标是指企业对其发展速度的目标稍微快速其行业发展速度，以其自身拥有的资源与能力及其相应战略性措施的实施，基本能实现目标的战略目标。保守型发展战略目标不需要企业进行过多投入，基本维持现有资本与资源状况，当行业环境和企业自身能力都未出现重大变化时，企业也不想投入过多资源来发展时，比较适合保守型发展战略目标。

二、发展型战略的特征

与其他类型的战略相比，发展型战略有以下的特征。

1. 扩大企业规模

市场占有率的发展可以说是衡量发展的一个重要指标，发展型战略的体现不仅应当有绝对市场份额的增加，更应有在市场总容量发展的基础上相对份额的增加。因此，发展型战略倡导企业投入大量资源，扩大产销规模，提高产品的市场占有率，增强企业的竞争实力。

2. 立足创新发展

发展型战略指导下的企业经常开发新产品、新市场、新工艺和对旧产品开发新用途等，以把握更多的发展机会，谋求更大的回报。同时，发展型战略强调通过创造新产品和新需求来引导消费，创造消费。

3. 改善经营效果

实施发展型战略的企业往往取得大大超过社会平均利润率的利润水平。由于发展速度较快，制定发展型战略的企业更容易获得较好的规模经济效益，从而降低生产成本，获得超额的利润率。研究表明，奉行发展型战略的公司比那些处在同等环境中的公司销售收入、利润增长具有优势。

4. 主动适应环境

与简单的适应外部环境的变化不同，采用发展型战略的企业倾向于通过创造以前并不存在的某物或对某物的需求来改变外部环境使之适合于自身。这种去引导或创造合适环境的特点是由其发展的特性决定的，要真正实现既定的发展目标，势必要有特定的合适外部环境，并要求企业主动适应环境变化。

5. 非价格手段竞争

采用发展型战略的企业不仅仅在开发市场上下功夫，还在新产品开发、管理模式上寻求优势，因而企业通常很少采用会损伤自身利益的价格战，而是以产品创新、优质服务及高效管理等作为竞争手段。

三、发展型战略的优缺点

企业的发展要靠发展型战略目标实现，但企业不能一味地采取发展型战略目标。是否采用发展型战略目标，由企业所处的外部环境和企业自身的实力决定，发展型战略目标既有优点，也有缺点。

1. 发展型战略的优点

和其他战略相比，发展型战略的优点主要表现在以下几个方面。

（1）发展型战略目标可以使企业通过发展扩大自身规模，实现更大的价值，这体现了经过发展后的公司市场份额和绝对财富的增加，这种价值既可以成为企业员工的一种荣誉，又可以成为企业进一步发展的动力。

（2）发展型战略目标可以使企业能通过不断变革来创造更高的生产经营效率与效益。由于企业的发展，企业可以获得过去不能获得的崭新机会，避免企业组织的老化，使企业总是充满生机和活力。

（3）发展型战略目标能保持企业的竞争实力，实现特定的竞争优势。如果竞争对手都采取发展型战略，如果企业还在采取稳定型战略或收缩型战略，那么在企业发展规模上会落后于竞争对手，就很有可能在未来与竞争对手相比丧失竞争优势。

2. 发展型战略的缺点

发展型战略目标同样存在缺点，发展型战略目标的缺点主要表现在以下几个方面。

（1）发展型战略有可能造成超过企业自身实力的盲目发展。发展型战略目标获得初期的效果后，很可能使企业盲目地发展，导致企业为了发展而扩张，而其发展目标超出了企业自身资源和能力，致使欲速则不达。要克服这一弊端，要求企业在做每一个战略态势决策之前都必须重新审视和分析企业的内外部环境，判断企业的资源状况和外部机会。

（2）发展型战略目标很可能降低企业的综合素质。企业的应变能力虽然表面上不错，而实质上却出现内部危机和混乱。这主要是由于企业新增机构、设备、人员太多而未能形成一个有机的相互协调的系统所引起的。针对这一问题，企业人可以考虑设立一个战略管理的临时性机构，负责统筹和管理发展后企业内部各部门、人员之间的协调，在各方面的因素都融合在一起后，再考虑取消这一机构。

（3）发展型战略可能造成企业重视宏观发展而忽视微观问题。发展型战略目标很可能是企业管理者更多地注重投资结构、收益率、市场占有率、企业的组织结构等问题，而忽视产品的服务或质量，因而不能使企业达到最佳状态。要克服这一弊端，需要企业管理者对发展型战略有一个正确而全面的理解，要意识到企业的战略态势是企业战略体系中的一个部分，因而在实施过程中必须通盘考虑。

四、发展型战略的适用性

发展型战略是一种最流行、使用最多的战略。虽然发展型战略能够给企业带来某些好处，但并不是所有的企业都适用采取发展型战略。因此，企业在采取发展型战略之前，必须分析自己是否有条件采取该战略。这主要包括以下几个方面。

1. 企业必须分析战略规划期内宏观经济景气度和产业经济状况

这是由企业发展型战略的发展公式所决定的——企业要实施发展型战略，就必须从环境中取得较多的资源。如果未来阶段宏观环境和行业微观环境较好的话，企业比较容易获得这些资源，所以就降低了实施该战略的成本。另一方面，从需求的角度来看，如果宏观和中观的走势都较令人乐观的话，消费品需求者和投资品需求者都有一种理性的预期，认为未来的收入会有所提升，因而其需求将会有相应幅度的发展，保证了企业发展型战略的需求充足。从上面分析可以看出，在选择发展型战略之前必须对经济走势做一个较为细致的分析，良好的经济形势往往是发展型战略成功的条件之一。

2. 发展战略必须符合政府管制机构的政策法规和条例等约束

世界上大多数国家都鼓励高新技术企业的发展，因而这类企业可以考虑用一定的发展战略。例如菲利普·莫里斯公司就将发展的重点放在受政府管制较少的啤酒行业，因此获得了企业总体的发展。

3. 企业必须有能力获得充分的资源来满足发展型战略的要求

由于采取发展型战略需要较多的资源投入，因此企业从内部和外部获得资源的能力就显得十分重要。这里的资源是一个广义的概念：既包括通常意义上的资本资源，也包括人力资源、信息资源等。在资源充分性的评价过程中，企业必须自己问自己一个问题：如果企业在实行发展型战略的过程中由于某种原因暂时受阻，它是否有能力保持自己的竞争地位？"如果回答是肯定的，那表明企业具有充分的资源来实施发展型战略，反之则不具备。

4. 判断发展型战略的合适性还要分析企业文化

企业文化是一个企业在其运行和历史发展中所积淀下来的深植于员工心中的一套价值观念。不同的企业具有各异的文化特质。如果一个企业的文化氛围是以稳定为主旋律，那么发展型战略的实施就要克服相应的"文化阻力"，这无疑增加了战略的实施成本。然而，企业文化也并不是一成不变的事物，事实上，积极和有效的企业文化的培育必须以企业战略作为指导依据。这里要强调的只是企业文化有可能会使某种战略的实施带来一定的成本，而并不是认为企业文化决定企业战略。

五、发展型战略的类型

企业发展战略强调充分利用外部环境所给予的机会，大量投资以求得企业在现有规模基础上向更高一级的期望目标发展。从企业选择发展的经营业务内容和范围来看，我们把发展战略主要归纳为三种类型：密集型发展战略、一体化发展战略、多样化发展战略。

1. 密集型发展战略

密集型发展战略是指企业在原有生产范围内充分利用在产品和市场方面的潜力，以快于过去的增长速度来求得成长与发展的战略。该种战略又称为集中型发展战略或集约型成长战略，是较为普遍采用的一种公司战略类型。这种发展战略往往采用以快于过去的增长速度来增加企业现有产品或劳务的销售额，利润额或市场占有率。这是企业内部战略经营单位或中小企业最常采用的发展战略之一，并且在社会对该产品或劳务的需求日益增大时最为成功。

采用这种战略的前提是对本企业产品或劳务的销售量、利润额或市场占有率的增长潜力做出分析，然后再针对分析的结果，企业可采取相应策略和措施。在具体实施过程中，密集型发展战略主要有以下几种策略。

（1）市场渗透战略。市场渗透战略是以现有产品在现有市场范围内通过更大力度的营销努力提高现有产品或服务的市场份额的战略。一般情况下，当企业的产品或服务在当前市场中还未达到饱和时，即市场处于成长期，采取市场渗透战略具有潜力。当现有用户对产品的使用率还可显著提高时，企业可以通过营销手段进一步提高产品的市场占有率。在整个行业的销售额增长时，竞争对手的市场份额却呈现下降趋势，企业就可通过市场份额的增加获得收益。企业在进行产品营销时，随着营销力度的增加，其销售呈上升趋势，且二者的相关度能够保证市场渗透战略的有效性。企业通过市场渗透战略带来市场份额的增加，使企业达到销售规模的增长，且这种规模能够给企业带来显著的市场优势。

市场渗透战略的主要实现途径包括提高现有顾客的使用频率、吸引竞争对手的顾客和潜在用户购买现有产品。实施市场渗透战略的主要措施包括：增加销售人员、增加广告开支、采取多样化的促销手段或加强公关宣传。

市场渗透战略既可单独采用，也可同其他战略结合使用。这种战略风险一般较小。但如果出现这样四种情况，也可能风险很大：第一，企业在市场上不能处于绝对优势地位；第二，企业管理者把精力放在现有事务处理上，错过了更好的投资机会；第三，顾客兴趣的改变导致企业现有目标市场的衰竭；第四，一项大的技术突破可能会使产品成为废物。

（2）市场开发战略。市场开发战略是密集型发展战略在市场范围上的扩展，是将现有产品或服务打入新市场的战略。比市场渗透战略具有更多的战略机遇，能够减少由于原有市场饱和而带来的风险，但不能降低由于技术的更新而使原有产品遭受淘汰的风险。

实施市场开发战略的一般条件主要有五个方面：一是在空间上存在着未开发或未饱和的市场区域；二是企业可以获得新的、可靠的、经济的、高质量的销售渠道；三是企业拥有扩大经营所需的资金、人力和物质资源；四是企业存在过剩生产能力；五是企业的主营业务是全球化惠及的行业。

市场开发有三种主要方法：一是在当地寻找潜在顾客，这些顾客尚未购买该产品，但是他们对产品的兴趣有可能被激发；二是企业可以寻找新的分市场，使现有产品进入新的细分市场；三是企业可以考虑扩大其市场范围，建立新的销售渠道或采取新的营销组合，发展新的销售区域。

（3）产品开发战略。产品开发战略是密集型成长战略在产品上的扩展。它是企业在现有市场上通过改造现有产品或服务，或开发新产品或服务而增加销售量的战略。从某种意义上讲，产品开发战略是企业成长和发展的核心，实施这一战略可以充分利用现有产品的声誉和商标，吸引对现有产品有好感的用户对新产品产生关注。这一战略的优势在于企业对现有市场有充分的了解，产品开发针对性强，容易取得成功。但另一方面，由于企业局限于现有的市场上，也容易失去获取广大新市场的机会。

实施产品开发战略的一般条件主要有五个方面：一是企业拥有很高的市场信誉度，过去的产品或服务的成功，可以吸引顾客对新产品的使用；二是企业参与竞争的行业属于迅速发展的高新技术产业，在产品方面进行的各种改进和创新都是有价值的；三是企业所处的行业高速增长，必须进行产品创新以保持竞争优势；四是企业在产品开发时,提供的新产品能够保持较高的性能价格比,比竞争对手更好地满足顾客的需求;五是企业具备很高的研究和开发能力,拥有完善的新产品销售系统,可以不断进行产品的开发创新。

实施产品开发战略具体的做法有:利用现有技术增加新产品;在现有产品的基础上,增加产品的花色品种;改变产品的外观、造型,或赋予产品新的特色;推出不同档次、不同规格、不同式样的产品。

2. 一体化发展战略

一体化发展战略是指企业充分利用自身产品(业务)在生产、技术和市场等方面的优势,沿着其产品(业务)生产经营链条的纵向或横向,通过扩大业务经营的深度和广度来扩大经营规模,提高收入和利润水平,不断发展壮大。一体化战略是将独立的若干部分加在一起或者结合在一起成为一个整体的战略。其基本形式有横向一体化和纵向一体化。

(1)横向一体化战略。横向一体化战略是指企业通过购买与自己有竞争关系的企业或与之联合及兼并来扩大经营规模,获得更大利润的发展战略。企业采用横向一体化战略的主要目的是减少竞争压力、实现规模经济和增强自身实力以获取竞争优势。

横向一体化战略是企业在竞争比较激烈的情况下进行的一种战略选择,主要实现途径包括三个方面:一是购买,即一家实力占据优势的企业购买与之竞争的另一家企业;二是合并,即两家相互竞争而实力和规模较为接近的企业合并为一个新的企业;三是联合,即两个或两个以上相互竞争的企业在某一业务领域进行联合投资、开发和经营。

一般比较适宜采用横向一体化战略的情形有五个方面:一是企业所在产业竞争较为激烈;二是企业所在产业的规模经济较为显著;三是企业的横向一体化符合反垄断法律法规,能够在局部地区获得一定的垄断地位;四是企业所在产业的增长潜力较大;五是企业具备横向一体化所需的资金、人力资源等。

(2)纵向一体化战略。纵向一体化战略也称为垂直一体化战略,是指生产或经营过程相互衔接、紧密联系的企业之间实现一体化,按物质流动的方向又可以划分为前向一体化和后向一体化。

前向一体化是指企业的业务向消费它的产品或服务的行业扩展。前向一体化使企业能够控制销售过程和销售渠道,有助于企业更好地掌握市场信息和发展趋势,更迅速地了解顾客的意见和要求,从而增加产品的市场适应性。一般情况下,前向一体化战略的适用条件有四个方面:一是企业现有的销售商销售成本较高或者可靠性较差而难以满足企业的销售需要;二是企业所在产业的增长潜力较大;三是企业具备前向一体化所需要的资金、人力资源等;四是销售环节的利润率较高。

后向一体化是指企业向为它目前的产品或服务提供作为原料的产品或服务的行业

扩展。有些企业采取向前一体化或向后一体化战略，是希望通过建立全国性的销售组织和扩大生产规模，来获得规模经济带来的利益，从而降低成本，增加利润。后向一体化战略的适用条件有五个方面：一是企业现有的供应商供应成本较高或者可靠性较差而难以满足企业对原材料、零件等的需求；二是供应商数量较少而需求方竞争者众多；三是企业所在产业的增长潜力较大，具备后向一体化所需的资金、人力资源等；四是供应环节的利润率较高，企业产品价格的稳定对企业十分关键；五是后向一体化有利于控制原材料成本，从而确保产品价格的稳定。

3. 多样化发展战略

多样化战略又称为多元化发展战略、多角化发展战略，是指一个企业的经营业务已超出一个行业的范围，并且生产经营多种不同经济用途的产品和劳务的一种经营发展战略。多样化发展战略主要有如下三种形式。

（1）同心多样化。同心多样化又被称为相关多样化或集中多样化。这种战略是指以企业现有的设备和技术能力为基础，发展与现有产品或劳务不同的新产品或新业务。同心多样化是一种增加与企业目前的产品或服务相类似的新产品或服务的发展战略。这种战略的出发点是充分利用现有资源条件，包括技术、人才、资金、销售渠道和顾客群等。与其他类型多样化相比，同心多样化的优点是开发成本较低，成功的可能性较大并且较容易形成产品系列，因而是中小企业发展初期的首选方式。但同心多样化相对来说，实施风险仍旧存在，尤其较易受行业衰退的影响。

（2）水平多样化。水平多样化又被称为专业多样化，它是指以现有用户为出发点，向其提供新的、与原有业务不相关的产品或服务。水平多样化基于原有产品、市场和服务进行变革，因而在开发新产品、服务和开拓新市场时，可以较好地了解顾客的需求和偏好，风险相对较小。比较适合原有产品信誉高、市场广且发展潜力大的企业。

（3）复合多样化。复合多样化是一种增加与企业目前的产品或服务显著不同的新产品或服务的发展战略。复合多样化的最大优点在于它能较为有效地分散企业的经营风险，使企业能抗衡较为强烈的行业波动，此外，企业通过复合多样化能把握住更多的机会，使企业能在不同的领域实现非均衡发展，使资源不断向优势行业和市场转移。复合多样化战略的缺点是导致组织结构的膨胀，加大了管理上的难度；同时，一味地追求多样化，企业有可能在各类市场中都不占领先地位，当外界环境发生剧烈变化时，企业会首先受到来自各方面的压力，导致巨大的损失，甚至给企业造成灭顶之灾。

第三节 稳定型战略

一、稳定型战略的概念

稳定型战略是企业在内外部环境约束下，准备在战略规划期使企业的资源分配和经营状况基本保持在目前状态和水平上的战略。按照稳定型战略，企业目前所遵循的经营方向及其正在从事经营的产品和面向的市场领域、企业在其经营领域内所达到的产销规模和市场地位都大致不变或以较小的幅度增长或减少。从企业经营风险的角度来说，稳定型战略的风险是相对小的，对于那些曾经成功地在一个处于上升趋势的行业和一个变化不大的环境中活动的企业来说很有效。

稳定型战略目标按其目的，产生了三种不同类型的维持性战略，它们分别是适应型维持战略、失败型维持战略、调整型维持战略。

1. 适应型维持战略

适应型维持战略是企业为了适应外界环境而采取的一种战略。当外部环境面临经济衰退时，或者产业进入成熟期或者衰退期，或者企业产品或服务需求基本无增长，或者外部环境变化不明朗需进一步观察时，在这些情况下，企业可以采取适应型维持战略。适应型维持战略的使用条件就是企业预测到或已经感知到了外界环境对企业采取发展型战略不利时，只能采用维持性战略。

2. 失败型维持战略

失败型维持战略是指企业由于经营失误造成企业竞争地位不稳固、经营状况较差，采用稳定型战略保存现有实力，待渡过暂时困难再寻进一步发展的战略。失败型维持战略的使用条件使企业出现一些问题，如产品滞销、财务状况恶化等。

3. 调整型维持战略

调整型维持战略的动机既不是经济衰退，也不是经营的失误，而是为了积蓄能量，以后寻机进一步发展的战略。企业在一段较长时间的快速发展后，企业可能会遇到一些问题使得效率下降，这时就可以采用调整型维持战略，即在一定时期内降低企业的目标和发展速度，将更多精力和资源投入到经营管理基础建设，解决企业快速发展后经营管理体系滞后的问题。调整型维持战略可以充分达到让企业积聚能量，为今后的发展做准备。

二、稳定型战略的特征

稳定型战略主要依据于前期战略，它坚持前期战略对产品和市场领域的选择，它以前期战略所达到的目标作为本期希望达到的目标。因此，实行稳定型战略的前提条件是企业过去的战略是成功的。由于稳定型战略从本质上追求的是在过去经营状况基础上的稳定，它具有如下特征。

1. 稳定型战略的基础是稳定的业绩水平

企业对过去的经营业绩表示满意，决定追求既定的或与过去相似的经营目标。企业过去的经营目标是在行业竞争中处于市场领先者的地位，稳定型战略意味着在今后的一段时期里依然以这一目标作为企业的经营目标。

2. 稳定型战略所追求的绩效按大体的比例递增

与发展型战略不同，这里的增长是一种常规意义上的增长，而非大规模的和非常规的迅猛发展。稳定型增长可以指在市场占有率保持不变的情况下，随着总的市场容量增长，企业的销售额增长，而这种情况则并不能算典型的发展型战略。实行稳定型战略的企业，总是在市场占有率、产销规模或总体利润水平上保持现状或略有增加，从而稳定和巩固企业现有的竞争地位。

3. 稳定型战略的基本思路是坚持原有发展战略

稳定型战略目标使企业准备以过去相同的或基本相同的产品或劳务服务于社会，这意味着企业在产品的创新上较少。稳定型战略主要依据于前期战略，它坚持前期战略对产品和市场领域的选择，它以前期战略所达到的目标作为后期希望达到的目标。

三、稳定型战略的优缺点

采取稳定型战略目标的企业，一般处在市场需求及行业结构稳定或者较小动荡的外部环境中，因而企业所面临的竞争挑战和发展机会都相对较少。但是，有些企业在市场需求以较大的幅度增长或是外部环境提供了较多的发展机遇的情况下也会采取稳定型战略，这些企业一般来说是由于资源与能力状况不足以使其抓住新的发展机会而不得不因此采用相对保守的稳定型战略目标。稳定型战略目标既有其优点，也有其缺点。

1. 稳定型战略的优点

和其他战略相比，稳定型战略的优点主要表现在以下几个方面。

（1）稳定型战略使企业的经营风险相对较小。由于企业基本维持原有的产品和市场领域，从而可以用原有的生产领域、渠道，避免开发新产品核心市场的巨大资金投入、激烈的竞争抗衡和开发失败的巨大风险。

（2）稳定型战略能避免因改变战略而改变资源分配的困难。由于经营领域主要与过去大致相同，因而稳定型战略不必考虑考虑原有资源的增量或存量的调整，相对于其他战略态势来说，显然要容易得多。

（3）稳定型战略能回避因发展过快而导致的弊端。在行业迅速发展的时期，许多企业无法看到潜伏的危机而盲目发展，结果造成资源的巨大浪费。

（4）稳定型战略能给企业一个较好的休整期，使企业积聚更多的能量，以便为今后的发展做好准备。从这个意义上说，适时的稳定型战略将是增长性战略的一个必要的酝酿阶段。

2. 稳定型战略的缺点

稳定型战略目标同样存在缺点，稳定型战略目标的缺点主要表现在以下几个方面。

（1）稳定型战略的执行是以市场需求、竞争格局等内外条件基本稳定为前提的。一旦企业的这一判断没有得到验证，就会打破战略目标、外部环境、企业实力之间的平衡，使企业陷入困境。因此，如果环境预测有问题的话，稳定型战略也会有问题。

（2）稳定型战略在特定细分市场也会有较大的风险。由于企业资源不够，企业会在部分市场上采用竞争战略，这样做实际上是将资源重点配置在这几个细分市场上，因而如果对这几个细分市场把握不准，企业可能会更加被动。

（3）稳定型战略也会使企业的风险意识减弱，甚至形成害怕风险、回避风险的文化，这就会大大降低企业对风险的敏感性、适应性和冒风险的勇气，从而增加了以上风险的危害性和严重性。

四、稳定型战略的适用性

一般情况下，企业往往会根据外部环境和企业自身实力决定是否采取稳定型战略，因此，企业外部环境和企业自身实力对稳定型战略的影响非常大。

1. 外部环境对稳定型战略的影响

外部环境的相对稳定性会使得企业更倾向于稳定型战略。影响外部环境稳定性的因素很多，大致包括以下几方面。

（1）宏观经济状况。如果宏观经济在总体上保持总量不变或总量低速增长，那么企业所处行业的上游、下游产业也往往只能以低速增长，这就势必影响到该企业所处行业的发展，使其无法以较快的速度发展。因此，由于宏观经济的慢速增长会使得某一产业的增长速度也降低，这就会使得该产业内的企业倾向于采用稳定型战略，以适应这一外部环境。

（2）产业技术创新。如果企业所在的产业技术相对成熟，技术更新速度较慢的话。企业过去采用的技术和生产的产品无须经过太大的调整就能满足消费者的需求和与竞争者抗衡。这样使得产品系列及其需求保持稳定，从而促使企业采用稳定型战略。

（3）消费需求偏好。这一点其实是决定产品系列稳定度的另一方面：消费者频繁的偏好转移势必使得企业在产品特性和营销策略上与过去的做法有所不同，否则将会被竞争对手所击败，而这种策略上的变动毫无疑问将影响到企业的经营战略。因为企业若继续采用稳定型战略类型，很可能陷入被动。从这点来看，稳定型战略适合于消费者需求偏好较为稳定的企业。

（4）产品生命周期。对于处于行业或产品的成熟期的企业来讲，产品需求、市场规模趋于稳定，产品技术成熟，新产品的开发和以新技术为基础的新产品开发难以取得成功，因此以产品为对象的技术变动频率低，同时竞争对手的数目和企业的竞争地位都趋于稳定，这时提高市场占有率、改变市场地位的机会很少，因此较为适合采用稳定型战略。

（5）行业竞争格局。如果某企业所处行业的进入壁垒非常高或由于其他原因使得该企业所处的竞争格局相对稳定，竞争对手之间很难有较为悬殊的业绩改变，则企业若采用稳定型战略可以获得最大的收益，因为改变竞争战略带来的业绩增加往往是不尽如人意的。

2. 内部实力对稳定型战略的影响

企业战略的实施既需要与外部环境相适应，又需要有相应的资源和实力。即使外部环境为企业提供了有利的发展机会，也并不意味着所有的企业都适合采用增长型战略。

（1）当外部环境较好时，如果企业资源不够充分，例如可以用来投资的资金不足、研究开发力量较差或在人力资源方面无法满足增长型战略的要求时，就无法采取扩大市场占有率的战略。在这种情况下，企业可以采取以局部市场为目标的稳定型战略，以便有限的企业资源能集中在某些自己有竞争优势的细分市场，维护竞争地位。

（2）当外部环境较为稳定时，资源较为充足的企业与资源相对较为稀缺的企业都应当采用稳定型战略，以适应外部环境，但两者的做法可以不同。前者可以在更为宽广的市场上选择自己战略资源的分配点，而后者则应当在相对狭窄的细分市场上集中自身资源，以求稳定发展。

（3）当外部环境较为不利，比如行业处于生命周期的衰退阶段时，则资源丰富的企业可以采用一定的稳定型战略。而对那些资源不够充足的企业来说，则应视情况而定：如果它在某个细分市场上具有独特的竞争优势，那么可以考虑也采用稳定型的战略类型；但如果本身就不具备相应的特殊竞争优势，那么不妨实施紧缩型的战略，以将资源转移到其他发展较为迅速的行业。

五、稳定型战略的类型

在具体实施方式上，稳定型战略又可依据其目的和资源分配的方式分为不同类型，概括起来主要有以下几种类型。

1. 无变化战略

无变化战略似乎是一种没有战略的战略。采用这种战略的企业除了每年按通货膨胀率调整其目标外，其他都暂时保持不变。这种战略一般出于两种考虑：一是先前的战略并不存在重大经营问题，二是过去采用的战略确保了企业经营的重大成功。在这两种情况下，企业高层战略管理者认为没有必要调整现行战略，或者害怕战略调整会给企业带来利益调整和资源配置的困难。

2. 暂停战略

企业在持续了一个快速发展的时期后，容易出现效率下降、组织功能弱化的趋势。战略管理者为了进一步优化内部资源配置，谋求今后更大的发展，可能会采用暂停战略。在暂停战略实施期间，企业可以获得储备积聚内在能量的时间，为以后更大发展做好准备。

3. 维持利润战略

这是一种以牺牲企业未来发展来维持目前利润的战略。维持利润战略注重短期效果而忽略长期利益，其根本意图是渡过暂时性的难关，因而往往在经济形势不大景气时被采用，以维持过去的经营状况和效益，实现稳定发展。但用得不当的话，维持利润战略可能会使企业的元气受到伤害，影响长期发展。

4. 谨慎实施战略

谨慎实施战略是当企业所面临的外部经营环境变化短期内无法预测其发展趋势，而一旦错误地判断了环境变化趋势，实施了错误战略后又会给企业带来重大损失。在此情况下，企业将会有意识地放慢战略调整和战略实施的速度，耐心等待环境变化的趋势明朗化。

第四节　紧缩型战略

一、紧缩型战略的概念

紧缩型战略又称为撤退型战略，是指企业从目前的战略经营领域和基础水平收缩和撤退，且偏离战略起点较大的一种经营战略。与稳定型战略和发展型战略相比，紧缩型战略是一种消极的发展战略。可以说，紧缩型战略是一种以退为进的战略类型。一般地，企业实行紧缩战略只是短期性的，其根本目的是使企业挨过风暴后转向其他的战略选择。有时，只有采取收缩和撤退的措施，才能抵御对手的进攻，避开环境的威胁和迅速地实行自身资源的最优配置。

企业的资源是有限的，既然企业采取了各种方式进入新的产业或扩大了业务范围，它们就需要在必要时退出某些业务；而且企业的经营环境在不断变化，原本有利的环境在经过一段时间后会变得不那么有吸引力了；原来能容纳许多企业发展的产业会因进入衰退阶段而无法为所有企业提供最低的经营报酬，或企业为了进入某个新业务领域需要大量的投资和资源的转移等。所有上述情况的发生都会迫使企业考虑紧缩目前的经营，甚至退出目前的业务或实施公司清算，即考虑紧缩型战略类型。

采用紧缩型战略目标的企业可能是出于不同的动机，从这些动机来看，其来源于三种不同类型的紧缩型战略：适应型紧缩战略、失败型紧缩战略、调整型紧缩战略。

1. 适应型紧缩战略

适应型紧缩战略的使用条件就是企业预测到或已经感知到了外界环境对企业经营的不利性，并且企业认为采用维持型战略尚不足以使企业顺利渡过这个不利的外部环境。如果企业可以同时采用维持型战略和紧缩型战略，并且两者都能使企业避开外界威胁、为今后发展创造条件，企业应当尽量采用维持型战略，因为它的冲击力要小得多，因而对企业可能造成的伤害就要小得多。适应型紧缩战略使企业为了适应外界环境而采取的一种战略。这种外界环境包括经济衰退，产业进入衰退期，对企业的产品或服务的需求减小等种类。在这些情况下，企业可以采取适应型紧缩战略来渡过危机，以求发展。

2. 失败型紧缩战略

失败型紧缩战略是指企业由于经营失误造成企业竞争地位虚弱、经营状况恶化，只有采用紧缩型战略才能最大限度地减少损失，保存企业实力。失败型紧缩战略的使用条件使企业出现重大的问题，如产品滞销，财务状况恶化、投资已无法收回的情况下，就需要对企业的市场、财务、组织机构等方面做一个全面估计，认真比较实施紧缩型战略的机会成本，经过细致的成本—收益分析，最后决定实施什么样的紧缩战略。

3. 调整型紧缩战略

调整型紧缩战略的动机既不是经济衰退，也不是经营的失误，而是为了谋求更好的发展机会，使有限的资源分配到更有效的使用场合。因而，调整型紧缩战略的适用条件使企业存在一个回报更高的资源配置点。为此，需要比较的是企业目前的业务单位和实施紧缩型战略后的资源投入的业务单位。在存在着较为明显的回报差距的情况下，可以考虑采用调整型收缩战略。

二、紧缩型战略的特征

紧缩型战略的特征主要包括以下几个方面。

1. 企业的效益相应地会受到影响

对企业现有的产品和市场领域实行收缩、调整和撤退策略，削减某些产品的市场规模，放弃某些产品系列，甚至完全退出目前的经营领域。因而从企业的规模来看是在缩小的，同时一些效益指标，比如利润和市场占有率等，都会有较为明显的下降。

2. 尽量争取较大收益和资金价值

对企业资源的运用采取较为严格的控制和尽量削减各项费用支出，往往只投入最低限度的资源，因而紧缩型战略的实施过程往往会伴随着大量员工的裁减，一些奢侈品和大额资产的暂停购买等，目标重点是改善企业的现金流量，争取较大收益和资金价值。

3. 紧缩型战略具有短期性和过渡性质

与稳定和发展两种战略类型相比，紧缩型战略具有明显的过渡性。一般说来，企业只是短期内奉行这一战略，其基本目的是使自己摆脱困境，渡过危机，保存实力，或者消除经济赘瘤，集中资源，然后转而采取其他战略。

三、紧缩型战略的优缺点

1. 紧缩型战略的优点

与其他战略相比，紧缩型战略的优点主要有以下几个方面。

（1）能够在最大程度上帮助企业顺利渡过难关。在衰退或经营不善的情况下实行紧缩型战略，有利于正确判断经营领域的盈亏状况，及时清理、放弃无利可图或亏损的领域，及时而果断地采用转变或撤退战略，可以通过总结经营失败的教训，通过收缩和退却，尽可能地保存企业实力，渡过危机，以便转移阵地或重新进行投资创业。

（2）能够在最大程度上帮助企业有效地降低损失。采用紧缩型战略，可以使企业经受磨炼和考验，企业应变能力也得以加强，在经营不善的情况下使损失最小化。如果一个亏损企业始终不愿放弃无可挽回的事业领域，则会给企业造成更沉重的打击。同时，采取紧缩型战略可以避免竞争，防止两败俱伤。同时，改善资金流量，及时清算，还有助于避免发生相互拖欠债款，因到期不能清偿而引起连锁反应，导致出现信用危机，保持一个相对有利的行业结构和竞争局面。

（3）能帮助企业更好地实行资产的最优组合。如果不采用紧缩性战略，企业在面临一个新的机遇时，只能利用现有的剩余资源进行投资，这样做势必会影响到企业在这一发展机遇上的前景。采用转向、放弃战略，使企业有可能更加有效地配置资源，提高经营质量，发挥和增强企业的优势。

2. 紧缩型战略的缺点

与上述优点相对应，紧缩型战略也有可能为企业带来一些不利之处。采用紧缩型战略的缺点有以下几个方面。

（1）采取缩小经营的措施，往往削弱技术研究和新产品开发能力，使设备投资减少，陷于消极的经营状态，影响企业的长远发展。

（2）收缩战略、转移战略、放弃战略的实施，都需要对人员进行调整，如裁减人员、更换高层领导人等，处理不好会导致员工士气低落、工人与管理者的矛盾以及专业技术管理人员的抵制，反而会限制企业扭转不利局面。

（3）当宏观经济或行业处于衰退期时，企业紧缩经营将导致经济总体的供需关系向缩小均衡方向发展，影响经济的回升或者加速行业的衰退，反而抑制企业的发展。

四、紧缩型战略的适用性

紧缩型战略的适用条件主要有以下几个方面。

1. 适应外部环境的变化

由于外部环境的变化，经济陷入衰退之中，宏观经济调整、紧缩作用于某一行业的供应、生产、需求等方面而引起的突发性、暂时性衰退。行业本身进入衰退期而必然出现的市场需求减少，规模缩小而出现的渐进式衰退，市场需求缩小，资源紧缺，致使企业在现有的经营领域中处于不利地位，财务状况不佳，难以维持目前的经营状况。

2. 企业出现经营失误后的有效应对

企业经营失误造成企业竞争地位虚弱、经济资源短缺、财务状况恶化，只有撤退才有可能最大限度地保存企业实力时被迫采取紧缩型战略，使企业转危为安，渡过难关，提高企业经济效益。

3. 利用有利机会谋求更好发展

因为在经营中出现了更加有利的机会，企业要谋求更好的发展机会，需要集中并更有效地利用现有的资源和条件。为此，要对企业那些不能带来满意利润、发展前景不够理想的经营领域采取收缩或放弃的办法，在不断适应市场需要的同时，使自身取得新的发展机会。

五、紧缩型战略类型

紧缩型战略可以分为三种类型，即转变战略、撤退战略和清算战略。

1. 转变战略

转变战略是针对那些暂时陷入危机境地而又值得挽救的经营业务活动而言的战略。转变战略的目的是通过各种努力，扭转企业财务状况不佳的局面，以成功地渡过难关，争取形势的好转，如削减支出、削减广告和其他促销费用、加强库存控制、催收应收账款，甚至拍卖某些资产、削减非关键性和低附加值的活动、削减管理人员等。采取这些措施，有时候对企业震动很大，尤其在企业员工的下岗和分流、管理人员的裁减和更换时震动更大。因此，采取转变战略必须十分谨慎小心。只有当企业本身值得挽救时，才应该采取转变战略。企业在采用转变战略时，必须首先考虑以下两个问题：一是该经营业务是否还能长期盈利？主要分析评价企业所在的竞争性市场所具有的吸引力，以及企业在该竞争性市场的地位；二是如果该项经营业务还能盈利，则需要考虑该项经营业务或企业在长期继续经营中所获得的价值比清算的价值。

实现转变战略，有三种战略模式可供选择。

（1）修订现行战略。如果经营业绩的不善是由原有战略不适宜导致的，具体选择何种途径取决于行业状态、与竞争对手相比企业的独特优势与劣势以及危机的严重程度。根据行业结构特点、企业竞争地位及其经营资源、经营能力的状态分析，可通过下列途径设法改变现行战略：一是采取新的竞争手段，重建企业市场地位；二是改变企业或公司内部的事业部层和职能层的策略，为企业的总体战略提供强有力的支持；三是同该经营领域内的其他企业实行兼并，以兼并后的企业优势为基础，重新制定战略；四是与企业能力相匹配，将企业经营的范围压缩为某一主导产品、某一核心市场。

（2）提高收入战略。如果需求没有价格弹性，也可通过提价提高收入。在费用削减已经很少或没有余地、经营只能保持盈亏平衡的情况下，增加销售收入是必要的战略选择。提高收入战略的目标是通过增加销售总量、增加销售收入来挽救企业经营业务活动。具体说来，有以下几种方法可供选择：一是削减业务经营活动中的费用；二是改进促销手段；三是增强销售力量，如人员、资金的增加；四是增加为顾客服务的项目；五是迅速实现产品的改进。

（3）降低成本战略。企业的成本优势是多种竞争优势的综合反映，成本优势决定了价格优势，因此，当企业的成本结构具有弹性、企业经营接近于盈亏平衡点时，降低成本也就成为处在危难之中的企业转变战略的最佳选择。这方面措施多种多样，从人、财、物等经营资源的有效利用，到设备、技术的现代化以及生产过程的科学化、产品设计合理化等都可以为企业降低成本。

2. 撤退战略

战略撤退能够保存企业实力，等待时机再进攻。当企业现金流量日趋紧张时，企业从整体战略出发，选择撤退战略。其方法包括出卖部分资产、削减支出、削减广告和促销费用、加强库存控制、催收应收账款、削减管理人员，或者撤出一些产品线或部分市场，将企业资源集中到企业的主导产品、核心市场上。企业资产的削减不但可以增加现金来源、摆脱亏损的经营事业，更重要的是还可以通过资金的筹集来加强和巩固保留下来的经营业务。采取撤退战略对经营者来说是个痛苦的选择，它会遇到经济上和管理上的障碍，经营者应当审时度势，具备果断决策的能力。

撤退战略包括两种类型，即放弃战略和分离战略。

（1）放弃战略。放弃战略以现金回收为出发点，企业暂时还留在夕阳产品的市场中，但不再进行任何新的投资，停止一切设备的维修，中止所有广告活动和研究开发，尽量减少产品的形式和种类，停止一切售后服务，缩减产品的分销渠道等。总之，这种战略要从企业的实际出发，以尽快回收现金为目的，最终放弃这一领域。企业遇到很大困难、预计难以通过转变战略扭转局面或采用转变战略失败后，企业可以采用放弃战略，把经营资源从某一经营领域中撤出。

（2）分离战略。分离战略可以采取两种形式：一是将某一事业部单位从公司中分离出去，让此单位在财务和管理上有其独立性，母公司只保存部分所有权或者完全没有所有权；二是找到愿意进入该事业部领域的买主，将这一事业部单位出售。企业采用分离战略的原因多种多样，首先可能是事业部单位的经营内容与企业整体经营的内容状况不协调，不适合企业战略发展的需要，尽管这些单位的经营还能盈利；其次可能是企业财务的需要，如筹集资金，保证企业财务稳定以利于主导产品经营优势的发挥，因而分离某个事业部单位的经营项目以便增加企业的现金流量。

3. 清算战略

清算战略又称清理战略，是指企业受到全面威胁、濒于破产时，通过将企业的资产转让、出卖或者停止全部经营业务结束企业的生命。也就是指企业由于无力偿还债务，通过出售或转让企业的全部资产，以偿还债务或停止全部经营业务，从而结束企业生命的一种战略。

清理分为自动清理和强制清理两种形式，前者一般由股东决定，后者须由法庭决定。清算战略是最不受欢迎的一种战略类型。清算意味着出售企业的某些部分，但这时出售的基本上是有形资产，而不是像退出战略那样，能出售包括企业全部或部分业务能力的整体。清算战略的实施意味着承认经营失败，将给企业内所有人员造成一定打击。特别是当企业只有一种业务时，清算就意味着关门。为此，清算战略是几种公司战略中采用最为谨慎的一种。但在确实毫无希望的情况下，尽早地制定清算战略，企业可以有计划地逐步降低企业股票的市场价值，尽可能多地收回企业资产，减少全体股东的损失，从而把企业经营管理的损失降低到最小化。

第五章　企业竞争战略的选择

第一节　基本竞争战略

一、基本竞争战略概述

1. 基本竞争战略的概念

竞争战略是指企业为了获得竞争优势，在市场上处于有利的竞争地位，争取比竞争对手有较大的市场份额和更好的经济效益，所做的长远性谋划和方略。竞争战略属于企业经营单位战略的范畴，是企业正确地分析和界定本企业在竞争中的地位后所形成的战略。这是战略管理中非常重要的问题。

基本竞争战略是由美国哈佛商学院著名的战略管理学家迈克尔·波特提出的，分别为成本领先战略、差异化战略、集中化战略。他认为，企业要获得竞争优势，一般只有两条途径：一是在行业中成为成本最低的生产者，二是在企业的产品和服务上形成与众不同的特色，企业可以在或宽或窄的经营目标内使用这些战略。企业必须从这三种战略中选择一种，作为其主导战略。要么把成本控制到比竞争者更低的程度，要么在企业产品和服务中形成与众不同的特色，让顾客感觉到你提供了比其他竞争者更多的价值，要么企业致力于服务某一特定的市场细分、某一特定的产品种类或某一特定的地理范围。基本竞争战略是无论在什么行业或什么企业都可以采用的竞争性战略。这些战略是根据产品、市场以及特殊竞争力的不同组合而形成的。企业可以根据自己生产经营的情况，选择所要采用的竞争战略。每一种战略都有自己的特色，参与竞争的途径与其他战略有着明显的区别，能够获得自己的市场地位。

2. 基本竞争战略的作用

企业有效地实施自身的战略管理体系，可以帮助自身在经济市场中全面地发展。对于初创企业而言，需要了解战略管理对于企业发展的重要作用，从而使其重视对战略管理体系的实施。企业实施基本竞争战略的具体作用表现如下。

（1）解决企业的定位问题。企业存在的价值是能够提供给消费者有效的需求，通过企业定位形成一种鲜明的"差异化"竞争战略的个性化特征，使企业得以产生巨大的凝聚力。

（2）形成企业的核心能力。企业产品的质量和性能决定了企业的竞争力，但长期而言，起决定作用的是造就和增强企业的核心竞争力。企业的核心能力是企业拥有的资源、技能、知识的整合能力，即组织的学习能力。企业通过专注和持续投入本行业、精心培育核心竞争力，把它作为企业保持长期充分的根本战略任务。从时间角度看，培育核心竞争力不是一日之功，它必须被不断提炼升华才能形成。

（3）通过战略实施形成相对竞争优势。企业必然进入竞争，那么，企业拿什么去竞争呢？必须是自己独有的竞争优势。竞争优势最主要的含义是利用独特的资产、技能、资源或活动，使企业发展出相对于竞争者更具有独特而有利的地位。相对竞争力的参照系是竞争对手的竞争优势。相对竞争力认为，有效益、有市场的竞争力才是企业所需要的竞争力，因而相对竞争力更加重视考察成本。

3. 基本竞争战略的特征

（1）针对性。企业在市场中的竞争优势，主要表现在两个方面：一是本企业与同行竞争者比较具有优越的客观条件；二是本企业的内部条件与竞争对手比较，具有较强的实力和管理水平。所谓优越的客观条件，一般是指企业所在地区的自然条件、资源状况、交通运输、信息交流、通信工具、经济基础和公共关系等。这种具有优势的客观条件，有的是自然形成的，而更多的是人们经过长期努力而形成的。关于企业内部的实力和管理水平，一般是指企业在开拓市场、争取用户方面的能力和水平。如领导者的决策水平、技术力量、职工素质、产品功能、市场营销技巧、厂房设备、资金实力等。企业在制定经营战略时，关键在于怎样去认识和分析上述两方面的优势地位，以及怎样才能去充分发挥它的作用。企业竞争战略制定的目的就是获取竞争优势，战胜竞争对手，因而，它的针对性很强。

（2）动态性。企业的经营过程是一个动态的过程，因而竞争战略也不可避免地具有动态性。企业基本竞争战略架构上差异很大，成功地实施竞争战略需要不同的资源和技能，由于企业文化混乱、组织安排缺失、激励机制冲突，夹在中间的企业还可能因此遭受更大的损失。因此，企业的竞争战略如何确定，要根据企业所处环境与企业本身的具体情况而定，没有一成不变的格式。各个企业无论是为了保持领先的优势，还是力争后来居上，都无一例外地面临着重新调整在竞争中的行为和观念的问题。从其制定要求看，企业竞争战略就是用机会和威胁评价未来的环境，用优势和劣势评价企业现状，进而选择和确定企业的总体、长远目标，制定和抉择实现目标的行动方案。因此，为了促进企业的持续发展，应不断加强企业竞争战略的研究与调整。

（3）可操作性。企业竞争战略要解决的核心问题是，如何通过确定顾客需求、竞争者产品及本企业产品这三者之间的关系，奠定本企业产品在市场上的特定地位并维持这一地位。在激烈的市场竞争中，如何在竞争中求发展，是每个企业都在思考的问题。竞争战略就是一个企业在同一使用价值的竞争上采取进攻或防守行为。由于竞争战略是直接针对某一目标战略，所以它必须要能够指导实践，要具备实施的计划和具体方案，便于管理者的操作。

4. 基本竞争战略的选择

竞争优势往往存在于一定的领域内，这个领域是多维的，包括所提供的产品和所服务的顾客群，以及企业开展竞争的地理市场的范围。通过执行成本领先或差异化战略，企业的竞争优势可以在与竞争对手在多个顾客群的竞争中获得。与此不同，通过执行集中化战略，企业所寻求的则是在一个相对集中的领域或细分市场上的成本领先或差异化优势。最优成本供应商战略是成本领先与差异化整合的战略。这些战略中的每种战略的有效性取决于企业外部环境中存在的机遇和威胁，以及企业基于自身独特的资源、能力和核心竞争力的可能性。

在选择战略时，企业应评价两种竞争优势：比竞争对手更低的成本或差异化，即有能力采取一种较高的价格以超过为产生差异化所付出的额外成本。比竞争对手更低的成本来自企业能够以不同于竞争对手的方式开展活动；差异化则表明一种能开展不同于竞争对手的活动能力。因此，企业在选择基本竞争战略时，应根据企业外部环境、内部条件，在成本领先战略、差异化战略或集中化战略中选择一种战略，然后制定具体政策，采取相应措施，努力达到目标。在选择具体战略时，应综合考虑以下因素。

（1）企业自身实力。一般而言，若企业规模较小而且生产、营销等方面能力较弱，则采用集中化战略。若企业生产能力较强，而营销能力较弱，则采用成本领先战略。若企业生产能力较强，而营销能力较弱，则采用差异化战略。若企业生产能力和营销能力都较强，则可在生产上采用成本领先竞争战略，而在营销上采用差异化竞争战略。

（2）产品不同时期。一般而言，若企业生产的产品处于投入期和成长期，为了抢占市场和防止竞争对手的进入，则企业宜采用成本领先竞争战略，以刺激市场需求。若企业生产的产品处于成熟期和衰退期，顾客的需求呈现多样化与复杂化，则企业宜采用差异化战略。

（3）产品不同类别。一般而言，若企业的产品属工业品，在质量等级相等的条件下，市场价格是企业竞争的重要因素，则企业宜采用成本领先战略。若企业的产品属消费品，根据市场顾客消费群体的细分，则企业宜采用差异化战略。若对消费品进一步细分，则又可分为日常消费品和耐用消费品两类，则企业可分别采用成本领先战略和差异化战略。随着市场需求的日益提高，高档消费品已为一部分消费群体所青睐，这类产品的功能、外观及服务方面的差异相当大，生产和销售这类产品的企业必须采用差异化战略，才能在市场竞争中保持优势地位。

企业成功地选择基本竞争战略，就意味着投入不同的资源、力量、组织以及形成不同的管理风格。选择的基点始终在于充分利用企业的优势，但同时要使竞争对手难以模仿使用，最终能促进企业经济效益的提升和企业的持续发展。

二、成本领先战略

1. 成本领先战略的概念

成本领先战略是通过设计一整套行动，以最低的成本生产并提供为顾客所接受的产品和服务。在企业战略管理中，成本领先战略往往是通过有效途径，使企业的全部成本低于竞争对手的成本，以获得同行业平均水平以上的利润。实现成本领先战略需要有一整套具体政策，即要有高效率的设备、积极降低经验成本、紧缩成本和控制间接费用以及降低研究开发、服务、销售、广告等方面的成本。要达到这些目的，必须在成本控制上做大量的管理工作，即不能忽视质量、服务及其他一些领域工作，尤其要重视与竞争对手有关的低成本的任务。

成本领先战略的有效执行能使企业在激烈的市场竞争中赚取超过平均水平的利润。低成本优势可以有效防御竞争对手的进攻，因为一旦拥有成本领导者的有利位置，竞争对手就很难在价格上与其竞争。于是，竞争对手一般通过一些差异化的途径与成本领导者竞争。如果竞争对手从价格上进行挑战，低成本的企业仍然可以赚取至少平均水平的利润，而竞争对手的利润则因此要低于平均水平。低成本优势有利于企业在强大的买方威胁中保卫自己，尽管强有力的买方可以迫使成本领导者降低价格，但这个价格一般不会低于行业内竞争者可以赚到平均利润的水平。即使能低于这个水平，他们也不会这样做。否则会迫使竞争者退出该市场，使成本领导者处于更强有力的位置。低成本也能防卫强大供方的威胁，因为低成本在对付卖方产品涨价中具有较高的灵活性。强有力的成本领导者还可能迫使供应商维持原价格，从而使供应商的价格降低。导致低成本地位的诸因素通常也以规模经济或成本优势的形式建立起进入壁垒。新进入者不可能赚到高于平均水平的利润，直到它们获得经验来达到和成本领导者同样的效率水平。与行业竞争对手相比，成本领导者在替代品方面也占有比较有利的地位。为了留住客户，可以降低产品和服务的价格。而再低一点的价格和顾客愿意接受的质量大大增加了顾客选择其产品而非替代品的可能性。

成本领先并不等同于价格最低。如果企业陷入价格最低而成本并不最低的误区，换来的只能是把自己推入无休止的价格战。因为，一旦降价，竞争对手也会随着降价，而且由于比自己成本更低，因此具有更多的降价空间，能够支撑更长时间的价格战。尽管一个成本领先的企业是依赖其成本上的领先地位来取得竞争优势的，而它要成为经济效益高于平均水平的超群者，则必须与其竞争企业相比，在产品别具一格的基础上取得价值相等或价值近似的有利地位。在产品别具一格基础上的价值相等使成本领先的企业得以将其成本优势直接转化为高于竞争企业的利润；在产品别具一格基础上的价值近似意味着为取得令人满意的市场占有率所必需的降低幅度还不至于冲销成本领先企业的成本优势，因此，成本领先企业能赚取高于平均水平的收益。

2. 企业采用成本领先战略的动因

在企业所在的市场上，如果购买者对价格具有很高的敏感性，那么获得行业中总成本最低的优势就是一个有力的竞争途径。从五种竞争力量的角度来分析，企业采取成本领先战略的主要原因是以下4个。

（1）形成进入障碍。企业的成本低，就具有削价能力，从而为行业的潜在的进入者设置了较高的进入障碍。那些在生产技术不熟练、经营上缺乏经验的企业，或缺乏规模经济的企业便很难进入此行业。

（2）增强讨价还价能力。企业的成本低，可以在某种程度上应付由于投入因素的变化所引起的投入费用的增长现象，从而提高自身与供应者的讨价还价能力。同时，企业成本低能够为企业提供部分的利润率保护，从而提高企业对购买者的讨价还价能力，对抗强有力的购买者。

（3）降低替代品的威胁。企业的成本低，可以在与替代品竞争时，通过降低价格吸引大量的顾客，从而降低或缓解替代品的威胁，使自己处于有利的竞争地位。

（4）保持领先的竞争地位。企业的成本低，在与行业内的竞争对手进行价格战时，可以利用低价格的吸引力从竞争对手那里夺得销售额和市场份额，也可以在其对手毫无利润率的低价格的水平上保持一定的盈利，从而保持绝对的竞争优势。

总之，企业采用成本领先战略，可以有效地面对行业中的五种竞争力量，以其低成本的优势，获得高于行业平均水平的利润。

3. 成本领先战略的优缺点

（1）成本领先战略的优点。只要成本低，企业尽管面临着强大的竞争力量，仍可以在本行业中获得竞争优势。因此，成本领先战略的优点主要表现在以下几个方面。①在与竞争对手的斗争中，企业由于处于低成本地位上，具有进行价格战的良好条件，即使竞争对手在竞争中处于不能获得利润、只能保本的情况下，本企业仍可获益。②面对强有力的购买者要求降低产品价格的压力，处于低成本地位上的企业仍可以有较好的收益。③在争取供货商的斗争中，由于企业的低成本，企业相对于竞争对手具有较大的对原材料、零部件价格上涨的承受能力，能够在较大的边际利润范围内承受各种不稳定经济因素所带来的影响；同时，由于低成本企业对原材料或零部件的需求量大，因而为获得廉价的原材料或零部件提供了可能，同时也便于和供货商建立稳定的协作关系。④在与潜在进入者的斗争中，那些形成低成本地位的因素常常使企业在规模经济或成本优势方面形成进入障碍，削弱了新进入者对低成本的进入威胁。⑤在与替代品的斗争中,低成本企业可用削减价格的办法稳定现有顾客的需求,使之不被替代产品替代。当然,如果企业要较长时间地巩固企业现有竞争地位,还必须在产品及市场上有所创新。

(2)成本领先战略的缺点。与其他竞争战略相比,成本领先战略的缺点主要表现在以下几个方面。①投资较大。企业必须具备先进的生产设备,才能高效率地进行生产,以保持较高的劳动生产率,同时,在进攻型定价以及为提高市场占有率而形成的投产亏损等方面也需进行大量的预先投资。②技术变革会导致生产过程工艺和技术的突破,使企业过去大量投资和由此产生的高效率一下子丧失优势,并给竞争对手形成以更低成本进入的机会。③将过多的注意力集中在生产成本上,可能导致企业忽视顾客需求特性和需求趋势的变化,忽视顾客对产品差异的兴趣。④由于企业集中大量投资于现有技术及设备,提高了退出障碍,因而对新技术的采用以及技术创新反应迟钝甚至采取排斥态度。

4. 成本领先战略的适用性

成本领先战略的理论基石是规模效益(即单位产品成本随生产规模增大而下降)和经济效益(单位产品成本随累积产量增加而下降),它要求企业的产品必须具有较高的市场占有率。如果产品的市场占有率很低,则大量生产毫无意义,而不大量生产也就不能使产品成本降低。为实现产品成本领先的目的,企业内部需要具备下列条件。

(1)可实现规模经济。通过规模经济生产和分销也许是实现成本领先战略的最重要措施。大量研究发现,对很多行业来说,利润率和市场份额之间保持正向关系,即利润率随市场份额的扩大而增加。一般来说,市场份额最高的企业往往具有较低的投资、库存、营销和采购成本。如果企业可以通过扩大生产和分销规模来获得规模经济效益,使单件产品的生产成本降低,企业即可考虑选择成本领先战略。

(2)充分利用生产能力。当生产能力过剩时,固定成本必然要分摊在较少的产出上。在诸如化工和钢铁等资金密集型行业,生产能力过剩将显著增加单位产品的成本,在这样一些行业,能否充分利用生产能力将成为能否取得成本优势的关键。同样,在衰退行业和需求经常有很大波动的行业,调整生产能力以适应需求变化的能力是取得成本优势的关键。由以上分析可以看出,对固定成本比较高的资金密集型行业,要通过各种方法充分利用生产能力,如增加生产线的适应范围,以增加产品线的宽度等;还应通过开发和设计相关产品降低研究和开发费用,以及尽可能地利用已有的销售渠道等。

(3)产品的再设计。要实现规模经济进而取得成本优势,企业还必须设计出易于制造的产品。可以说,能否利用新的制造技术和工艺来提高劳动生产率的关键在于产品的重新设计。实际上,产品的再设计还可以使企业在规模经济的基础上实现产品差异化。

（4）降低输入成本。在大多数行业，由于各种各样的原因，不同企业输入的成本有很大差异，这种差异往往是其中一些企业取得成本优势的重要原因。造成输入成本差异的原因主要有以下几种。①由于地域原因造成的输入成本的差异。众所周知，由于不同国家和地区经济发展的不均衡性，不同国家和地区的劳动工资率有很大差异。在劳动密集型行业中，劳动工资率上的差异是一些企业获得成本优势的重要原因。除劳动工资率外，与地域有关的输入成本上的差异也可能来源于原材料的运输或能源的成本，或不同国家的汇率。②拥有低成本的供应来源是一些企业获得成本优势的重要途径。③讨价还价能力上的差异也是一些企业取得成本优势的重要原因。当外购原料或零件占产品成本很大比例，同时这些原料或零部件占产品成本很大比例，且这些原料或零部件又只有少数几家供应商时尤其如此。当某些企业讨价还价能力较强，如购买数量巨大，从而可以较低的价格购买到这些输入要素时，就比较容易获得成本优势。④稳定与供应商的关系是降低输入成本的又一条途径。随着技术的迅速发展和组织结构的加速演变，越来越多的企业注意与供应商建立密切而长期的关系。例如，随着准时生产制、全面质量管理体系和敏捷制造系统的采用和推广，越来越多的企业已经减少供应商的数量，并鼓励供应商直接参与企业的生产过程和分享有关的技术，这样一种伙伴关系可以显著改善产品的质量，节约时间和费用。

（5）采用先进的工艺技术。在多数商品生产过程中，总有几种或更多种生产工艺技术可供选择。在产出相同的情况下，如果某种工艺技术少消耗某种输入要素，而同时又不多消耗其他输入要素，那么这种工艺技术就有一定的优越性。如果某种生产工艺虽多用了某些输入要素，但同时少消耗了另一些要素，则这种生产工艺的相对成本效益高低取决于各种输入要素的相对价格。

5. 成功获得低成本领先的关键因素

如果管理者的战略意图是追求低成本，下面几点是成功的关键因素。

（1）建立注重成本的企业文化。成功的低成本企业是通过不厌其烦地寻求整个价值链上的成本节约来获得成本优势的，所以必须建立注重成本的企业文化，让节约每一分钱的观念深入人心，成为一种自觉的行动。员工广泛地参与成本控制，不断地将自己的成本同某项活动的最优秀成本展开对比学习。深入地审查运作费用和预算要求，制定各种不断改善成本的方案，经理人员的额外福利也不多，各种设施充足但不浪费。

（2）准确地把握成本驱动因素。每个行业中的关键成本驱动因素都不尽相同，如规模经济、经验和学习、生产能力的利用率、关键资源投入成本、技术创新（产品或工艺）、工厂的地理位置、与企业或行业价值链中其他活动的联系、纵向一体化程度或专业化程度、新产品或新技术的使用时机等。它们必须能准确地把握关键的成本驱动因素，管理价值链上的每一项活动。它们必须积极地重组价值链，再造业务流程，取消非关键的工作步骤。

（3）积极地投资建立那些低成本所需的资源和能力。虽然低成本企业在提倡节约，但它们又积极地投资建立那些很有希望能够减少成本的资源和能力。例如，沃尔玛在所有的经营运作中使用最现代化的技术，它使用在线计算机系统来从供应商那里订货和管理库存，它的商店装备有先进的销售和检查系统，同时它有一个自己的私人卫星通信网络，用它来每天向数千个供应商传递销售点数据。

（4）严格的成本控制组织体系和管理。追求成本领先的企业必须有结构严密的组织和明确的责任、严格的成本控制制度、以目标管理为基础的激励机制等。

三、差异化战略

1. 差异化战略的概念

差异化战略是通过设计一整套行动，生产并提供一种顾客认为很重要的与众不同的产品或服务，并不断地使产品或服务升级以具有顾客认为有价值的差异化特征。差异化战略的重点不是成本，而是不断创造被全行业和顾客都视为独特的产品和服务。差异化战略的方法多种多样，如产品差异化、服务差异化和形象差异化等。

实现差异化战略，可以培养用户对品牌的忠诚。因此，差异化战略是使企业获得高于同行业平均水平利润的一种有效的竞争战略。差异化战略利用客户对品牌的忠诚度以及由此产生的对价格的敏感性下降使企业得以避免来自竞争对手的挑战。它也可以使利润增加而不必追求低成本。产品差异化赚得的高额利润可以在一定意义上使企业免受供应商的影响。而且因为买方对提价相对不敏感，企业可以通过提高其特有产品的价格把供应商的额外成本转嫁给最终消费者。另外，顾客忠诚度和克服差异化产品独特性的要求成为主要的进入壁垒，也有效地抵御了替代产品的威胁。否则，缺少品牌忠诚度会使顾客转向与其现有产品功能相同但有某些差异化特征或更有吸引力的产品上。

差异化战略的企业可以在很多方面使自己的产品不同于竞争对手。而且如果企业的产品或服务与竞争对手之间的相似性越小，企业受竞争对手行动的影响也就越小。如果差异化战略成功地实施，它就成为在一个产业中赢得高水平收益的积极战略，因为它建立起防御阵地对付五种竞争力量，虽然其防御的形式与成本领先战略有所不同。实现产品差异化有时会与争取占领更大的市场份额相矛盾。它往往要求企业对于这一战略的排他性有思想准备，即这一战略与提高市场份额两者不可兼顾。较为普遍的情况是，如果建立差异化的活动总是成本高昂，那么实现产品差异化将意味着以成本地位为代价。然而，即便全产业范围内的顾客都了解企业的独特优点，也并不是所有顾客都愿意或有能力支付企业所要求的较高价格。

2. 企业采用差异化战略的动因

在顾客需求多样化的情况下，企业很难通过标准化的产品完全满足顾客的需求。因此，差异化战略就成了一个很有吸引力的竞争策略。企业采用这种战略，可以很好地防御行业中的五种竞争力量，获得超过水平的利润。具体地讲，主要表现在以下几方面。

（1）形成进入障碍。由于有特色顾客对企业产品或服务具有很高的忠实度，从而该产品和服务具有强有力的进入障碍，潜在的进入者要与该企业竞争，则需要克服这种产品的独特性。

（2）降低顾客敏感程度。由于顾客对企业产品和服务有某种程度的忠实性，当这种产品的价格发生变化时，顾客对价格的敏感程度不高，生产该产品的企业便可以运用产品差异化战略，在行业的竞争中形成一个隔离地带，避免竞争的侵害。

（3）增强讨价还价能力。产品差异化战略可以使企业获得较高的边际收益，降低企业的总成本，增强企业对供应者讨价还价的能力。同时，由于购买者别无选择，对价格的敏感程度又低，企业可以运用这一战略削弱购买者讨价还价能力。

（4）防止替代品威胁。企业的产品与服务具有特色，能够赢得顾客的信任，便可在与替代品的较量中，处于比同类企业更有利的地位。

3. 差异化战略的优缺点

（1）差异化战略的优点。只要条件允许，产品差异化是一种可行的战略。企业奉行这种战略，可以很好地防御五种竞争力量，获得竞争优势。①实行差异化战略是利用了顾客对其特色的偏爱和忠诚，由此可以降低对产品的价格敏感性，使企业避开价格竞争，在特定领域形成独家经营的市场，保持领先。②顾客对企业（或产品）的忠诚性形成了强有力的进入障碍，进入者要进入该行业则需花很大力气去克服这种忠诚性。③产品差异可以产生较高的边际收益，增强企业对供应者讨价还价的能力。④由于购买者别无选择，对价格的敏感度又低，企业可以运用产品差异化战略来削弱购买者的讨价还价能力。⑤由于企业具有特色，又赢得了顾客的信任，在特定领域形成独家经营的市场，便可在与代用品的较量中，处于比其他同类企业更有利的地位。

（2）差异化战略的缺点。执行差异化战略有时会与扩大市场份额相矛盾。差异化战略具有一定程度的排他性，与提高市场份额两者不可兼得。因为差异化战略不可避免地以高成本为代价，有些客户不一定愿意或根本没有能力支付高价格，企业将不得不损失一部分市场份额。与其他竞争战略相比，差异化战略的缺点主要表现在以下几个方面。①保持产品的差异化往往以高成本为代价，因为企业需要进行广泛的研究开发、产品设计，使用高质量原料和争取顾客支持等工作。新技术的出现和对现有技术的更新都会使某项有效的差异化特征降低或消失。有时，新技术的出现会根本改变对市场的细分方式，或使某一细分市场彻底消失，引起适用于该细分市场的差异化特征消失。②并非所有的顾客都愿意或能够支付产品差异所形成的较高价格。同时，买主对差异化所支付的额外费用是有一定极限的，若超过这一极限，低成本低价格的企业与高价格差异化产品的企业相比就显示出竞争力。如果价值对手使得顾客认为竞争对手能提供同样的产品或服务，有时还以更低的价格提供，则差异化战略就失去了价值。③企业提供的差异特征不被市场认可。如果企业提供的某些差异化特征在消费者眼中没有任何意义，或是差异化过度，超出了消费者的要求，以至于混淆了消费者的意识，则消费者就不会接受这样的差异化。④企业要想取得产品差异，有时要放弃获得较高市场占有率的目标，因为它的排他性与高市场占有率是矛盾的。顾客可能认为差异者与成本领导者的价格之差过于悬殊，此时企业所提供的差异化特征就可能不再是顾客所需要的了。在这种情况下，企业就很难经得住竞争对手的挑战。

4. 差异化战略的适用性

实行差异化战略，需要具备相应的条件，应该从外部条件和内部条件方面考察。

（1）外部条件。主要包括以下几个方面。①可以有很多途径创造企业与竞争对手产品之间的差异，并且这种差异被顾客认为是有价值的。②顾客对产品的需求和使用要求是多种多样的，即顾客需求是有差异的。③采用类似差异化途径的竞争对手很少，即真正能够保证企业是"差异化"的。④技术变革很快，市场上的竞争主要集中在不断地推出新的产品特色。

（2）内部条件。除上述外部条件之外，企业实施差异化战略还必须具备如下内部条件。①具有很强的研究开发能力，研究人员要有创造性的眼光；企业具有以其产品质量或技术领先的声望。②企业在这一行业有悠久的历史或吸取其他企业的技能并自成一体。③企业应有很强的市场营销能力；同时研究与开发、产品开发以及市场营销等职能部门之间要具有很强的协调性。④企业要具备能吸引高级研究人员、创造性人才和高技能职员的物质设施。

5. 企业实施差异化战略的途径

企业实现差异化战略常见的途径有以下三种。

（1）有形差异化。有形差异化主要涉及产品和服务的可见的特点，这些特点影响顾客的偏好和选择过程。它们包括产品的尺寸、形状、颜色、体积、材料和所涉及的技术。除以上因素外，有形差异化还包括产品或服务在可靠性、一致性、口味、速度、耐用性和安全性上的差异。实际上，延伸产品的差异化也是有形差异化的重要来源，这些延伸产品包括售前售后服务、交货的速度、交货方式的适用性以及将来对产品进行更新换代的能力等。对于一般消费品，以上差异化因素直接决定了顾客从产品获得的利益。而对生产资料，上述差异化因素影响购买企业在其业务领域赚钱的能力，因此，当这些因素降低购买企业的成本或增强其差异化的能力时，它们将成为差异化的重要来源。有形差异化是实现差异化战略的第一个途径，也是比较简单的途径。

（2）无形差异化。当某种产品或服务是为了满足顾客的较复杂需求时，差异化的关键在于企业产品的整体形象，这一点对那些质量和性能在购买时难以度量的"经验"产品或服务尤其重要。这些产品包括化妆品、医疗服务或教育等。当顾客感觉产品或服务的价值并不取决于其有形的特性时，企业可以通过无形差异化取得竞争优势。实际上，顾客仅仅通过可见的产品特性或性能标准选择的产品数量是非常有限的，社会因素、感情因素以及心理因素都会影响产品或服务的选择。对于一般消费品，人们对专有性、个性化和安全性的追求往往是强有力的刺激因素。换句话说，差异化不仅与产品的物理特性有关，而且可以扩展到产品或服务的很多方面，只要提供的差异能为顾客创造相应的价值。这意味着差异化包括企业与其竞争对手在所有方面的差异。

（3）维持差异化优势。维持差异化优势也是企业实施差异化战略的重要途径。通过加大研究与开发的力度，潜心研究顾客消费需求的特点，维持企业创造独特产品的能力来维持差异化优势，可能是一种有效地建立相对竞争优势的方法。尤其是在竞争不断加剧，人们的生活水准越来越高，同时更加追求多样化和个性化的经济和社会环境，维持差异化优势就会使得企业更有竞争力。

四、集中化战略

1. 集中化战略的概念

集中化战略是通过设计一整套行动来生产并提供产品或服务，以满足某一特定竞争性细分市场的需求的战略。集中化战略主攻某个特殊的顾客群、某产品线的一个细分区段或某一地区市场。正如差异化战略一样，集中化战略可以具有许多形式。虽然低成本与差异化战略都是要在全产业范围内实现其目标，集中化战略的整体却是围绕着某一特殊目标服务的，它所开发推行的每一项职能化方针都要考虑这一中心思想。

集中化战略依靠的前提思想是企业业务的专一化能够以高的效率、更好的效果为某一狭窄的战略对象服务，从而在较广阔范围内超过竞争的对手们。企业这样做的结果是通过满足特殊对象的需要而实现了差别化，或者在为这一对象服务时实现了低成本，或者二者兼得。这样的企业可以使其盈利的潜力超过产业的普遍水平，这些优势保护了企业抵御各种竞争力量的威胁。但集中化战略常常意味着限制了可以获取的整体市场份额。集中化战略必然包含着利润率与销售额之间互以对方为代价的关系。

企业可以采用两种集中化战略：以低成本为基础的集中成本领先战略和以差异化为基础的集中差异化战略。集中成本领先战略是从某些细分市场上成本行为的差异中获取利润，企业要做到服务于某一细分市场的成本比竞争对手低，此战略取决于是否存在这样一个购买者细分市场，满足它们的要求所付出的代价要比满足整体市场其他部分的要求所付出的代价要小。集中差异化战略是从特定细分市场客户的特殊需求中获得利润，此战略取决于是否存在这样一个购买者细分市场，它们想要得到或需要特殊的产品属性。两种集中化战略能使企业成功应对五种竞争力量，其方式分别与成本领先战略和差异化战略相仿。它们唯一的区别在于竞争范围从整个行业变成了一个狭窄的行业细分市场。

2. 企业采用集中化战略的动因

集中化战略与前两个战略一样，可以防御行业中各种竞争力量。这种战略可以用来防御替代品的威胁，也可以针对竞争对手最薄弱的环节采取行动，从而使企业在本行业中获得高于一般水平的收益。

（1）以特殊的服务范围抵御竞争压力。集中化战略往往利用地点、时间、对象等多种特殊性来形成企业的专门服务范围，以更高的专业化程度构成强于竞争对手的优势。企业选择适当的产品线区段或专门市场是集中化战略成功的基础。如果选择广泛市场的产品或服务而进行专门化经营，反而可能导致企业失败。

（2）以低成本的特殊产品形成优势。企业可以利用其特殊的工艺和技术形成低成本，在竞争市场长期保持其竞争优势。这一优势的实质是差异化优势，能同时拥有产品差异化和低成本优势则一定可以获得超出产业平均水平的高额利润。

（3）以主动竞争的姿态增强竞争能力。当企业受到强大的竞争对手全面压迫时，采取集中化战略以攻代守，往往能形成一种竞争优势，特别是对于抵抗拥有系列化产品或广泛市场的竞争对手明显有效。

应当指出，企业实施集中化战略，尽管能在其目标细分市场上保持一定的竞争优势，获得较高的市场份额。但由于其目标市场相对狭小，该企业的市场份额总体水平是较低的。集中化战略在获得市场份额方面常存在着某些局限性。因此，企业选择集中化战略时，应在产品获得能力和销售量之间进行权衡和取舍，有时还要在产品差异化与成本领先之间进行权衡。

3. 集中化战略的优缺点

（1）集中化战略的优点。实行集中化战略具有以下几个方面的优势：经营目标集中，可以集中企业所有资源于一特定战略目标之上；熟悉产品的市场、用户及同行业竞争情况，可以全面把握市场，获取竞争优势；由于生产高度专业化，在制造、科研方面可以实现规模效益。这种战略尤其适用于中小企业，即小企业可以小补大，以专补缺，以精取胜，在小市场做成大生意。同其他战略一样，集中化战略也能在本行业中获得高于一般水平的收益。主要表现在以下三个方面。①集中化战略便于集中使用整个企业的力量和资源，更好地服务于某一特定的目标。②将目标集中于特定的部分市场，企业可以更好地调查研究与产品有关的技术、市场、顾客以及竞争对手等各方面的情况。③战略目标集中明确，经济成果易于评价，战略管理过程也容易控制，从而带来管理上的简便。根据中、小型企业在规模、资源等方面所固有的一些特点以及集中化战略的特性，可以说集中化战略对中、小型企业来说可能是最适宜的战略。

（2）集中化战略的缺点。集中化战略也包含风险，主要是注意防止来自三个方面的威胁，并采取相应措施维护企业的竞争优势。

①以广泛市场为目标的竞争对手，很可能将该目标细分市场纳入其竞争范围，甚至已经在该目标细分市场中竞争，它可能成为该细分市场潜在进入者，构成对企业的威胁。这时企业要在产品及市场营销各方面保持和加大其差异性，产品的差异性越大，集中战略的维持力越强；需求者差异性越大，集中化战略的维持力也越强。②该行业的其他企业也采用集中化战略，或者以更小的细分市场为目标，这构成了对企业的威胁。这时选用集中化战略的企业要建立防止模仿的障碍，当然其障碍的高低取决于特定的市场细分结构。另外，目标细分市场的规模也会造成对集中化战略的威胁，如果细分市场较小，竞争者可能不感兴趣，但如果是在一个新兴的、利润不断增长的较大的目标细分市场上采用集中化战略，其他企业就有可能在更为狭窄的目标细分市场上也采用集中化战略，开发出更为专业化的产品，从而剥夺原选用集中化战略的企业的竞争优势。③由于社会政治、经济、法律、文化等环境的变化，技术的突破和创新等多方面原因引起替代品出现或消费者偏好发生变化，导致市场结构性变化，此时集中化战略的优势也将随之消失。

4. 集中化战略的适用性

一般来说，企业服务于目标小市场的专业化能力是其能够有效防御目标市场上竞争力量的基础。如果企业拥有了服务于该目标小市场的独特能力，就会形成一种有效的进入障碍，其他企业进入目标细分市场就变得更加困难。因此，提高目标市场上的专业化水平可以阻止潜在的新进入者。同样，替代产品生产商要想进入这一小市场，也面临着上述专业化服务能力的障碍。对于购买者来说，由于他们不愿意转向那些不能如此满足自己期望和要求的企业，从而在某种程度上被削弱了讨价还价的能力。

集中化战略有以下几个方面的适用条件。一是企业具有完全不同的用户群，这些用户对企业的产品有独特的需求。二是在相同的目标市场群中，其他竞争对手不打算实行重点集中的战略。三是企业的资源不允许其追求广泛的细分市场，或者企业还没有打算进入其他细分市场。四是行业中各细分部分在规模、成长率、获得能力方面存在很大的差异。

企业实施集中化战略的关键是选好战略目标小市场。一般的原则是，企业要尽可能选择那些竞争对手最薄弱的目标和最不易受替代产品冲击的目标小市场。一般情况下，企业往往在下列情况下能够取得最好的效果：一是目标小市场足够大，可以盈利；二是小市场具有很好的成长潜力；三是目标小市场不是行业主要竞争企业成功的关键，也没有其他竞争对手试图采取集中化战略；四是企业有相应的资源和能力，能够比竞争对手更好地满足目标市场；五是企业能凭借其建立的顾客商誉和服务来防御行业中的挑战者。

5. 实现集中化战略的途径

集中化战略的基础在于一家企业可以比业内的其他竞争对手更好、更有效率地服务某一特定细分市场，且服务小市场的成本比竞争对手的成本低，或者能够更好地满足用户的需求。此战略的成功需要企业去发现的需求是非常独特并且专业化的，以至于业内一般竞争对手根本未去服务，或者需要企业找到业内竞争者做得很差的细分市场。采用集中化战略的企业必须能够以一种优于竞争对手的方式完成一系列主要及辅助活动，以获取战略竞争力。集中化战略的实施方法包括单纯集中化、成本集中化、差别集中化和业务集中化等。

（1）单纯集中化。单纯集中化是企业在不过度考虑成本差异化的情况下，选择或创造一种产品、技术和服务为某一特定顾客群体创造价值，并使企业获得稳定可观的收入。

（2）成本集中化。成本集中化是企业采用低成本的方法为某一特定顾客群提供服务。通过低成本，集中化战略可以在细市场上获得比领先者更强的竞争优势。实际上，绝大部分小企业都是从集中化战略开始起步，只是并不一定都能意识到它的战略意义，并采取更具有战略导向的行动。对我国的中小物流企业而言，面对世界经济一体化的趋势，提高对集中化战略的认识和运用能力具有重要的现实意义。

（3）差别集中化。差别集中化是企业在集中化的基础上突出自己的产品、技术和服务的特色。企业如果选择差别集中化，那么差别集中化战略的主要措施都应该用于集中化战略中。但不同的是，集中化战略只服务狭窄的细分市场，而差别集中化战略要同时服务于较多的细分市场。同时，由于集中化战略的服务范围较小，可以较差别集中化战略对所服务的细分市场的变化做出更为迅速的反应。

（4）业务集中化。企业物流业务集中化是企业在不过多考虑成本的情况下，按照某一特定客户群的要求，集中好企业物流中的某一个项业务，如准时制配送、流通加工、仓储等。对于一些非专业性的物流企业如制造企业，如果将物流竞争战略定为物流业务集中化，那么企业物流的其他业务可能就会相对弱化，可能不能满足企业需求，为保证企业发展战略的顺利实施，企业可能会考虑将物流外包。当然，对于专业化的物流企业如第三、四、五方物流企业，业务集中不失为一种不错的选择，因为企业的竞争力要可能会因此加强。

第二节 不同行业环境中的竞争战略

基本竞争战略使企业建立了自己的竞争优势，有力量抗击五种竞争力量，在行业中处于有利地位。但不同行业在其特点、竞争状况等方面的差异使企业在竞争战略制定、选择时要依据具体的行业环境而定。同一竞争战略在不同行业环境中的实施效果是不同的。

一、新兴行业的竞争战略

新兴行业是新形成的或重新形成的行业，其形成的原因是技术创新、相对成本关系的变化、新的消费需求的出现，或其他经济和社会变化将某个新产品或服务提高到一种潜在可行的商业机会的水平。新兴行业往往是随着技术创新、消费者新需求的出现以及促使新产品和潜在经营机会产生的经济和社会的变化而产生的行业。社会、技术、文化的进步使新兴行业会在任何时候不断被创造出来。新兴行业形成的原因是技术的发明、相对成本关系的变化、新的消费需求的出现，或经济和社会的变化将某种新产品或新的服务提高到一种现实的发展机会。从战略制定的观点看，新兴行业的基本特征是没有游戏规则，新兴行业的竞争问题是全部规则都必须建立，并使企业可以遵循并在这些规则下发展繁荣。

1. 新兴行业的行业特征

由于新兴行业是刚出现或初建不久，所以只有为数不多的创业企业投资这个新兴的行业。由于初创阶段行业的创立投资和产品的研究、开发费用较高，而产品市场需求狭小，销售收入较低，因此这些创业企业往往面临很大的投资风险。同时，新兴行业市场增长率较高，需求增长较快，技术变动较大，企业主要致力于开辟新用户、占领市场，但此时技术上有很大的不确定性，在产品、市场、服务等策略上有很大的余地，对行业特点、行业竞争状况、用户特点等方面的信息掌握不多，企业进入壁垒较低。在新兴行业发展后期，随着行业生产技术的提高、生产成本的降低和市场需求的扩大，新兴行业便逐步由高风险低收益的初创期转向高风险高收益的成长期。具体来说，新兴行业的行业特征主要有以下几个方面。

（1）行业技术和战略的不确定性。因为新兴行业中企业的生产技术还不成熟，有待于继续创新和完善，企业的生产和经营也没有形成一整套的方法和规程，什么产品结构是最好的、何种生产技术最有效率等都不能确定。因此，新兴行业中通常存在着很高程度的技术不确定性。与技术不确定性相联系，由于更广泛的原因，新兴行业存在战略不确定性。因为行业内的企业对于竞争对手、顾客特点和处于新兴阶段的行业条件等只有较少的信息，所以从具体的经营活动来看，新兴行业的生产规模小，但生产成本高。随着生产规模扩大，经验积累，生产组织趋于合理以及规模经济形成，成本才会下降。同时，企业缺乏制定战略所必需的信息，不了解竞争对手的数目、竞争对手的分布状况、其优势和劣势、购买者的需求规模和偏好以及市场成长的速度和将实现的市场规模等。在相当一段时间里，该新兴行业的参与者只能在探索中寻求适当的战略与成功的机会。在新兴行业产品市场定位、市场营销和服务等方面不同的企业经常采用不同的战略方法，行业战略存在着明显的不确定性。

（2）行业成本的迅速变化。小批量和新产品常在新兴行业中共同形成相对于行业能够获得的潜在收益的较高成本。然而随着生产过程和工厂设计的改进、工作熟练程度的提高、销售额的增长导致的规模与累积产量的大幅度增加，企业生产效率会大幅度提高。从某些常见的情况看，当新兴阶段行业在开始时技术的劳动密集程度比最终的更大时，这些因素的作用更加明显。如果在新兴行业增长时能不断增加获得规模经济的机会，则成本下降会更快。这样就造成了新兴行业成本的大幅变化。

（3）行业发展的风险性较大。新兴行业的发展往往具有一定的风险性。在新兴行业中，许多顾客都是第一次购买者，还有许多顾客持等待观望态度，期待新一代产品的出现。在这种情况下，市场营销的中心活动是诱导初始购买行为，避免顾客在产品的技术和功能等方面与竞争对手的产品混淆。同时，还有许多潜在顾客对新兴行业持观望的态度，认为第二代或第三代技术将迅速取代现有的技术，他们等待产品的成熟与技术、设计方面趋向标准化。

（4）行业内部竞争对手迅速增加。由于新兴行业往往会伴随高利润，行业在新兴阶段有极大比例的新成立企业。新成立企业是相对于已立足企业中新成立单位的新企业。同时，由于在迅速发展和充满机会的环境中，与已立足企业的工资相比，权益投资的收益更具有吸引力。同时由于新兴阶段技术和战略的流动性，立足企业的雇员具有良好的条件去获得新的更好的想法，并能充分利用其对行业的接近。这些想法在原有企业可能由于转换成本过大而无法实现，如可能会与不愿意采用他们想法的上级发生冲突，或可能会对企业过去已投资的资金造成损失。因此，新兴行业还往往会产生许多另立门户企业，即从那些已立足企业中出去的雇员创立的新企业，这些新企业往往会成为现有企业的强劲竞争对手。

2. 新兴行业的发展障碍

在新兴行业发展过程中，由于新兴行业的发展对经济实体以外的其他因素的依赖，以及其发展过程中需要引导购买者购买其产品作为替换而引起的外在性，因此，新兴行业往往会不同程度地面临着一些限制或问题。

（1）新兴行业的原材料和零部件相对短缺。在新兴行业发展早期阶段，由于行业发展的需要和不能适应的供给，重要原材料价格会大幅度上涨。而一个新兴行业的发展要求出现新供应商，或现存的供应商增加产出或修改原材料和零部件，以满足行业需要。一个新兴行业的发展往往要求开辟新的原材料供应来源，或现存的供应商扩大规模以增加供应，或要求供应商更改原材料或零部件以满足行业的需要。而事实上，在这一过程中却往往会出现原材料和零部件短缺，对新兴行业的发展产生了较为不利的影响。

（2）新兴行业经常遇到顾客困惑问题。新兴行业发展中常常存在众多产品方案、技术种类及竞争者互相冲突甚至相反的宣传的现象，这些现象是技术不确定的象征及源于缺乏技术标准和行业的参与企业间总的技术协议，这些方面的情况可能增加顾客的购买风险并限制行业销售额。同时，由于存在许多新建企业、缺乏标准、技术不确定等，新兴行业的产品质量经常不稳定，即使是少数现象，也会给全行业的形象和信誉造成不利影响，从而使得新兴行业的顾客经常会对行业的产品和服务产生种种困惑。

（3）新兴行业的产品和技术缺乏标准。由于新兴行业中仍存在产品和技术高度的不确定性，产品和技术没有统一标准，加剧了原材料和互补产品的问题，并可能阻碍成本下降。同时新兴行业经常面临由于缺乏基础设施而引起的问题，如分销渠道、服务设施、专业技巧等问题，另外，由于存在缺乏标准和技术不确定等，在新兴行业中产品质量经常出现不稳定的情况。

（4）新兴行业的行业内部竞争较大。在新兴行业发展过程中，老产品生产企业为了减少新产品替代威胁，会通过增加投资降低成本等各种有效的方法降低替代产品的威胁，这可能增加新兴行业发展的难度。同时，不断增加的新的竞争对手往往会不断降低新兴行业的利润水平，最终使得新兴行业的竞争风险不断加大。

（5）新兴行业的外部环境较为不利。新兴行业在获得有关管理部门的承认和批准方面经常遇到困难，如果新兴行业的要求与规章制度现在所用的条款与方式不大相同时，会更加难以获得正规的批准。同时，由于新兴行业存在的不确定性、顾客困惑和不稳定的质量等因素，新兴行业在金融界的形象和信誉可能较差，这种情况往往会影响到企业的筹资能力，从而会影响新兴行业的进一步发展。

3. 新兴行业的战略选择

新兴行业还没有公认的竞争对策原则，尚未形成稳定的行业结构，竞争对手难以确定，行业结构动荡不定而且还可能发生变化，这些不确定的关系都使行业发展的新兴阶段成为战略自由度最大、战略影响程度最高的阶段，并且在确定行业业绩方面也是通过良好的战略选择所产生的杠杆作用达到最高的时期。因此在这一阶段制定战略主要是处理好风险和不确定性，在行业初期多变的环境中做出正确的战略选择。

（1）促进行业结构的形成和稳定。在新兴行业的战略选择过程中，压倒一切的战略问题是企业使行业结构成形的能力。企业通过其战略选择能够尽力在像产品政策、销售方法，以及定价战略等领域内确定竞争规则。从长期来看，在行业根本的经济实力及财力的约束下，企业应该以形成其最强有力的地位的方式寻求制定行业内的竞争规则。在行业的基础经济性和资源的限制范围内，企业应以某种方式建立有利于发展的行业法则，以获得长远的行业竞争地位。

（2）营造良好的行业发展环境。在新兴行业的发展阶段，企业在争取自身的市场地位时，常常会损害行业发展。行业形象、可信性、行业吸引力、顾客困惑、与其他行业的关系及与政府、金融业的关系等都与企业发展状况有关，而行业内企业的发展也依赖于与其他企业的协调及行业的发展，因此，企业应该在行业宣传和追求其本身的狭隘私利两者之间达到平衡。行业应该引入替代品并且吸引首期买主，在这个阶段内帮助促进标准化、整顿不合规格的产品及无信用的生产商往往是符合企业利益的，还可以形成针对供应商、客户、政府以及金融界的统一战线。优先实施这些对行业发展有利的举措，不断促进行业进一步的发展。

（3）正确处理与竞争对手的关系。在某一新兴行业内对付竞争对手可能是一个难题，特别对那些作为先驱者的企业和已享受到主要市场占有率的企业来说尤其如此。新形成的进入者以及脱离母企业的企业的激增会引起先驱者的不满，从而先驱者必然会面临先前提到的外部因素，这些因素使其为了行业的发展而部分地依赖于竞争对手。新兴行业的一个共同的问题是先驱者花费过多的财力来保卫其高的市场占有率，并且会对那些从长期来看几乎没有什么机会能形成市场势力的竞争对手做出反应。这可能部分是出于感情的反应。虽然有时在新兴阶段内对竞争对手做出严厉的反应是合适的，但更有可能的情况是企业的努力最好还是放在建立其自身实力以及发展行业方面。或许通过发放许可证或其他手段来鼓励某些竞争者的进入可能是合适的。给定新兴阶段的一些特征，企业往往可通过其他企业拼命地出售行业产品并援助技术发展而受益。企业还可以同以产量著称的竞争者打交道，随着行业的成熟还可以放弃保持自身大的市场占有率的做法，而通过主要的已立足的企业去邀请竞争对手进入行业。

（4）注意行业机会与障碍的转变。新兴行业的迅速发展可能会使原有的障碍和机会发生变化。当行业在规模上有所发展，企业也证明了自身价值时，供应商和销售渠道在方向上可能会发生变化。供应商可能会希望满足企业某些方面的需要，如产品规格、服务和交货期等；销售渠道可能变得更乐于作为企业的伙伴投资广告或其他促销活动。尽早发现这些变化会给企业提供战略机会。另外新兴行业早期的进入障碍也可能发生变化，当行业在规模上发展、在技术上成熟时，企业不会永远依靠专有技术或独特产品种类等进入障碍保卫自身行业地位，可能会出现其他障碍。同时行业的发展会吸引更有规模、资金和市场营销实力的企业进入，甚至购买者和供给者也可能以纵向一体化的方式进入。

（5）选择适当的进入领域和时机。新兴行业领域选择是一个重要的战略问题。

新兴行业具有许多共同特征，如发展迅速、行业内现有企业多数盈利、最终行业规模注定会很大等，这些吸引着企业进入新兴行业。但不同领域的市场发展趋势、发展速度、竞争对手与状况存在差别，因此行业整体盈利水平就存在差异。总的思考是如果一个新兴行业的最终结构与高于平均水平回报相一致，并且企业能够在行业中建立长期防御性地位，企业就可以考虑进入这样的领域。同时，企业应该选择适当的时机进入新兴行业，早期进入新兴行业可能获得高收益，但是也往往面临的是高风险。

在下列一般情况存在时，早期进入是合适的：一是企业的形象及声誉对买主来说是重要的，该企业能够通过作为一名先驱者把一种已提高了的声誉加以发展；二是早期进入能够在一个营业单位内发动学习过程，在该营业单位内的学习曲线是重要的，经验是难以模仿的，连续几代的技术决不会使这种学习过程无效；三是客户忠实度很大，因此首先对客户销售的企业可以自然地得到好处；四是通过对原材料供应、销售分配渠道等早期承诺能够获得绝对的成本优势。

在下述情况下，早期进入特别有风险：一是早期竞争及市场细分化是在不同的但对行业发展后期是重要的基础上进行的，这样企业会建立起错误的技能，还可能面临高的更改成本；二是开辟市场的费用很大，包括诸如客户培训、规章制度的批准，以及技术开拓之类的费用，但是开辟市场的好处却不能为企业所独占；三是与那些小型的、新开办的企业进行早期竞争将耗资巨大，但在后期代替这些企业后将是更加难以对付的竞争；四是技术变革将使早期投资过时，并且使那些后期进入的、具备最新产品及工艺的企业拥有某种优势；五是对原材料供应的早期承诺在短缺时期将产生有利的优先权。

二、成熟行业的竞争战略

当行业从迅速发展逐步走向比较缓慢的增长时，行业就进入了成熟期。在成熟期内，在需求量增长缓慢的情况下，行业内的各企业要保持自身的增长率就必须努力扩大市场占有率，从而使竞争加剧。而如果有新的竞争者强势进入，则由于生产能力扩大，竞争将更加激烈。由于行业在产品技术上趋于成熟，各主要竞争对手的产品差异化减少、同质化严重，竞争的焦点主要集中在价格和服务等方面，价格战将成为各主要竞争对手之间普遍采用的手段。在行业进入成熟期后，往往伴随着价格的下降和特色的减少，不论企业采取成本领先战略还是差异化战略，降低成本都显得非常重要，甚至关系到企业生存。在行业成长期里为追求较高利润而进入行业的大多数企业，因为成本上升、利润大幅度下降，甚至会出现亏损而逐渐退出本行业，余下的企业则为争夺市场份额而进行更加惨烈而持久的竞争。

1. 成熟行业的行业特征

行业的成熟阶段是一个相对较长的时期。在这一时期里，在竞争中生存下来的少数大企业垄断了整个行业的市场，每个企业都占有一定比例的市场份额。由于彼此势均力敌，市场份额比例发生变化的程度较小。具体来说，成熟行业的行业特征主要有以下几个方面。

（1）行业竞争加剧。由于成熟期的行业不能保持过去的增长速度，市场需求有限，企业一方面保持自身原有的市场份额，同时将注意力转向争夺其他企业的市场份额。竞争的加剧要求企业对自身市场占有率、市场地位等目标做根本性的重新定位，并重新分析评价竞争对手的反应及行动。

（2）行业竞争趋向成本和服务。产品在质量、性能等各方面已稳定，技术日益成熟，客户在知识和经验方面也日益丰富，已经购买或多次购买过，客户的注意力从决定是否购买产品转向在不同品牌之间进行选择，购买者对企业产品的选择越来越取决于企业所提供的产品的价格与服务的组合。这种市场需求的变化使竞争趋向成本导向和服务导向，企业要重新评价其竞争战略的适应性。

（3）企业间的兼并和收购增多。在成熟的行业中，一些企业利用自己的优势兼并与收购，产生行业集团。同时，这种行业也迫使一些企业退出该经营领域。伴随着行业的不断成熟，即使是强有力的竞争企业也常因战略与环境的不适应而遭到淘汰。所有这些变化都迫使企业重新审视其经营战略，进行战略调整和转移。

（4）企业的市场营销策略发生变化。在成熟行业中，企业面对所出现的更为激烈的市场竞争、更为成熟的技术、更为复杂的购买者，必然要在供、产、销等方面进行调整，将原来适应高速增长时期的经营方式转变为与缓慢增长相协调的经营方式。

2. 成熟行业的发展障碍

在行业成熟阶段，产业内行业增长速度降到一个更加适度的水平。在某些情况下，整个产业的增长可能会完全停止，其产出甚至下降。由于丧失其资本的增长，产业的发展很难较好地与国民生产总值保持同步增长。当国民生产总值减少时，产业甚至蒙受更大的损失。具体来说，成熟行业在发展过程中往往会存在着以下几个方面的问题和发展障碍。

（1）行业利润率下降。企业进入成熟期，一般就意味着企业的主要产品在市场上出现了较多的竞争者，同类产品或替代性产品大量涌现，企业不能继续凭借现有产品获得较高的利润水平。一方面，市场竞争的加剧导致产品价格的下降，有时其下降幅度甚至很大；另一方面，本企业产品所占有的市场份额也会被竞争者挤占。其结果便是本企业市场销售收入和利润均呈大幅度下降趋势。

（2）生产能力过剩。当新兴行业逐渐走向成熟时，增长速度减慢，生产能力需求增长降低，企业在设备、人员等生产能力方面的发展目标应与行业状况相适应。但许多企业在行业转变阶段生产能力投入过度，加剧了成熟行业的价格、广告服务等方面的竞争。因此，行业低速增长，企业的生产能力缓慢增加，有可能产生过剩的生产能力，企业需要在行业成熟期中裁减一定的设备和人力。

（3）员工流出率增大。从员工角度来看，企业进入成熟期，一般意味着员工已在本企业工作了一定时间，取得了一定的工作经验，而此时企业的组织结构已经相对稳定，员工一般不会有更大的纵向空间，于是，一部分员工开始出现流动意愿，希望寻求更大的成长空间。而且，由于企业处于成熟期，一旦企业不能研发出新产品并打开市场，则必然走向衰退期，在这种不确定状态下，员工的流动意愿进一步增强。在上述内外因素的共同作用下，成熟期企业中会有相当一部分员工选择"跳槽"，尤其是成熟期的中后阶段。

（4）管理出现困境。经过艰难的初创期和追求高速成长的发展期后，企业的组织体系已经稳固下来，各项规范也日臻成熟，企业制度化工作逐步走上正轨，然而，此时往往也是企业出现管理困境的开端：高层领导的权威已在企业内得到普遍承认，为着不同的目的，一些中下层管理者开始故意隐瞒一些事实，高层领导逐渐出现思路僵化等现象，官僚作风、经验至上、多头管理等问题也逐渐滋生并蔓延；当初共同创业的伙伴往往也会因权力等问题而出现内部分裂，经营权和所有权的矛盾成为关注的焦点等。所有这些问题都可能影响企业的进一步发展。

3. 成熟行业的战略选择

成熟行业在基本结构的主要方面较新兴阶段都发生了变化，新兴阶段行业的高速发展为多种战略的有效实施提供了条件，而到了成熟期，战略选择上的问题就显露了出来。企业应该根据行业具体情况和企业自身的优劣势，选择下述其中一种或几种战略形式。同时，企业也要注意战略运用的难点。企业不要对为短期利益而牺牲长期利益，不要为了一时的销售额增长而做出过分的投资，要对削减价格做出积极的反映，要在需求出现停滞趋势时减少生产能力。此时，企业要对自身的竞争战略进行科学的选择。

（1）转变观念，重视创新。随着行业的发展成熟，企业要注重以生产为中心的技术创新。在新兴阶段可以选择众多的产品系列和型号，有利于企业快速发展。但在成熟期，竞争转向成本和市场份额，因此企业要削减产品种类，将注意力集中于在技术、成本和形象等方面有利的产品，因此在产品成本计算方面的改进有利于产品组合合理化。通过创新，企业推出低成本的产品设计、更为经济的生产方法和营销方式，力争在买方价格意识日益增强的市场中具有独特的竞争优势。

（2）调整产品系列。在以价格为主要竞争手段、以市场份额为目标的成熟行业中，为提高在成熟行业中的市场竞争地位，企业需要进行产品结构分析，原有的产品结构必须调整，企业要缩减利润低的产品，将生产和经营能力集中到利润高或者有竞争优势的产品上。

（3）提高现有顾客的购买量。在成熟行业获得新客户意味着与竞争对手争夺市场份额，代价昂贵，因此增加现有顾客购买比寻求新顾客更有利，可以通过提供外围设备和服务、产品升级、扩展产品系列等方法扩大现有顾客需求范围。这种战略可使企业迈出原行业而进入相关行业，并且与获得新顾客相比，代价通常较低。

（4）通过降低成本提高经济效益。在行业成熟期，产品价格竞争的加剧，要求企业日益加强对单个产品成本进行衡量的能力并定出相应的价格。通过从供应商处获得更优惠的供价、使用更低廉的零部件、采用更经济的产品设计、提高生产和销售的效率以及削减管理费用等方法，企业可以获得低成本优势，从而在竞争中发挥价格优势。

（5）发展国际化经营。在国内行业已经成熟时，由于行业在各国的发展是不平衡的，在一国处于成熟期的行业，可能在其他国家处于迅速成长期。这样技术成熟、产品标准化以及寻求低成本战略等需求使企业竞相投资具有经营资源优势的国家和地区，从事全球性的生产和经营活动。企业进行国际化经营，可以避免饱和市场上的竞争，充分利用各国的经营资源，使自己的生产经营更为经济，最终不断促进企业的持续发展。

三、分散行业的竞争战略

分散行业是指在行业环境中有许多企业在进行竞争，没有任何一个企业占有显著的市场份额，也没有任何一个企业能对整个行业的结果产生重大的影响，即不存在能左右整个行业活动的市场领袖企业。一般情况下，分散型行业由很多中小型企业构成，存在于许多领域，如服务业、零售业、农产品、汽车修理、饭店、计算机软件开发、服装制造和服装零售等。

1. 分散行业的行业特征

分散行业具有进入障碍低、缺乏规模经济、产品的差异化程度高、讨价还价的能力不足运输成本高以及市场需求多元化等特点。因此，分散行业往往通过连锁经营、特许经营以及横向合并形成规模经济效益或占有全国市场。具体来说，分散行业的行业特征主要有以下几个方面。

（1）行业进入壁垒低，中小企业众多。分散行业的行业进入障碍低，企业就比较容易进入这种行业，结果，大量的中小企业成为该行业中竞争的主导力量。大量中小企业的涌入几乎是所有分散行业形成的前提。如果行业存在退出障碍，则收入持平的企业倾向于在行业中维持。除存在经济性的退出障碍外，还存在管理性退出障碍，因为有些竞争者的目标可能不是利润导向的，某些行业的独特吸引力使一些竞争者进入，即使是无利可图。

（2）市场需求多样化，产品高度差异化。分散行业的消费者往往需求多种多样，就是因为在某些行业中，顾客的需求是零散的，每一个顾客都希望产品有不同式样，也可能为这种要求付出代价，并且不愿接受更标准化的产品。这种需求的多样性在大众日常消费行业中表现得非常明显。因此，对某一特殊产品式样的需求很小，这种数量不足通过支持某种程度的生产、批发或市场策略使大企业发挥优势。这样，造成产品的差别程度较高，限制了企业规模，使效率不同的小企业得以生存发展。与这种情况密切相关的还有产业主要供应商认为其产品或服务的渠道所具有的排他性和特殊形象有价值。

（3）行业分散性强，不存在规模经济。大部分分散行业在其运营活动的每个主要环节不存在规模经济。即使有些行业存在规模经济，也由于各种原因难以达到经济规模而不能实现。由于库存成本过高或市场销售不稳定使企业产量波动而不能实现规模经济，此时大规模企业的灵活性不如小规模、低专业化的企业。

2. 分散行业的发展障碍

分散行业的回报可能比较高，其原因在于按照分散行业的特点，进入这一产业的成本低，而且竞争者都较弱小。但是事实上，在分散行业发展过程中却往往存在许多发展障碍，具体包括以下几个方面。

（1）现有企业缺乏资源或技能。有时企业具有克服分散的潜力，如可以发展规模经济，但缺乏资金或专业技能等战略资源，无法建立大规模设备体系及发展分销机构、服务网络、设备等可能促进行业集中的手段。

（2）企业眼光短浅或自我满足。即使企业具有促进行业集中的资源条件，也可能仍然留恋支持分散结构的传统行业实践，或感觉不到行业变化的机会。

（3）运输成本高。分散行业一般不存在规模经济，就算存在规模经济，高运输成本仍限制着效率高的工厂的规模及生产地点。抵消规模经济性的运输成本决定了工厂可以经济地运行着服务半径。在有些产业，如水泥、液体钙、高腐蚀化工等，运输成本都较高。在许多服务业中，为了以顾客为前提，或顾客必须前往提供服务之地，其运输成本也相当高。

（4）讨价还价的能力不足。在分散行业里，供应方与购买方的结构决定了行业中的企业在与相邻的企业或单位进行交易时不具备讨价还价的能力。同时，供应方与购买方也有意识地鼓励新企业进入该行业，使行业保持分散状态，并使企业维持小规模。

（5）高库存成本或不稳定的销售波动。虽然在生产过程中可能存在内在的规模经济性，这种经济性可能会因为库存成本较大或销售波动而无法获得。在这种情况下生产只能忽高忽低，这与大规模、资本密集、要求连续运行的设备的要求是相反的。同样，如果销售极不稳定且大幅度波动，拥有大规模设备的企业则不比较小的、更灵活的企业更有效。

3. 分散行业的战略选择

分散行业有许多企业在进行竞争，没有任何企业占有显著的市场份额，也没有任何一个企业能对整个产业的发展具有重大的影响，因此克服分散、集中行业将会有较高的回报。实现其可能性源于分散行业本身也是一个内部互相联系的系统。

（1）克服行业分散。造成行业分散的原因是多方面的，既有历史的原因，也有经济的原因。根据行业分散的原因，克服行业分散应该从以下几个方面入手。①创造规模经济或经验曲线。通过技术变化创造规模经济或重要的经验曲线实现行业集中。有时，在经营范围的某一部分创造出规模经济可能形成的好处超过另一部分的不经济性。②创造规模经济。通过技术创新引起投资增加、集中及机械化自动化，成为行业集中的基础。营销创新也可以克服分散，如电视网。③使多样的市场需求标准化。迄今为止，产品或市场营销方面的创新可使多样的市场需求标准化。一种新产品的生产可能引起顾客一致的兴趣，一项设计变化可能戏剧性地改变某标准式样的成本，并导致顾客对标准产品给予比昂贵的、定做式样的产品更好的评价。将产品模块化可以使部件实现大量生产，由此得到规模经济性或降低经验性成本，同时保持最终产品的多样性。这样变革的能力很明显受到一个产业基本经济特征的限制，但在许多产业中，对集中的限制因素似乎又是一种对付零散因素的创造性天地。④特许经营或连锁经营。某些行业分散的原因主要是由于生产规模的不经济性或分散的顾客口味，对于此行业集中分散的战略思想是使这些方面与其他方面分离，采取特许经营或连锁经营。以快餐业为例，其特点是要保持严密的本地控制和良好的服务，通过特许经营向业主出售各个独立地点来克服分散，实现规模经济，如麦当劳、必胜客。⑤尽早发现行业趋势。有些行业在产生、发展、成熟过程中自然形成集中，因此如果分散原因是行业处于开发期和成长期，则随着行业的演变会产生集中。如计算机服务部门正面临小型机或微型机的竞争，这种新技术意味着小型或中型企业可以拥有自己的计算机。这样，计算机服务部门必须对大的、多的地区企业提供服务，以求不断发展，或在最初仅提供机器的基础上，提供复杂的程序或其他服务。这种发展增加了计算机服务产业的规模经济并导致了集中。

（2）实行专门化经营。在一些情况下，造成行业分散的行业基本经济因素是不可克服的，此时企业要通过实行专门化经营取得竞争优势。其基本思想是在分散行业环境下寻求实现成本领先、差异化、集中化等基本竞争战略的方法，让每一种方法都更好地使企业的战略姿态与分散行业中特殊的竞争性质相匹配，或者让在这种行业中一般存在的激烈竞争力量中性化。实行专门化经营要从以下几方面入手。①产品类型的专门化。当产品链中存在多项不同产品时，一种有效地实现高于平均水平的结果的方法是使一组严格限制的产品专门化。它可以让企业通过使其产品达到足够大的规模来增加与供应商的价格谈判实力。它还可以因专家们具有的专门技巧而提高针对顾客的差异化，并提高在某一产品领域的形象。集中差异化战略使企业在产品领域的消息更灵，并可使企业引导顾客的能力得到提高。但这种战略的代价可能是对企业的发展前景受到某些限制。②顾客类型专门化。企业专注于行业中一部分特定顾客也可以获得潜在收益。如果因为零散结构而造成激烈竞争，企业可专注于产业中的一部分特定顾客而从中获得潜在效益，可能这些顾客因购买量小或规模小而讨价还价能力低下；或可专注于一部分对价格很不敏感的顾客或需要企业随基本产品或服务而提供附加价值的顾客。③订货类型专门化。在零散产业中，企业可以专注某一特殊订货类型去应付严峻的竞争压力。一种方法是仅服务于小订单，而且顾客要求立即交货并对价格不甚敏感；或企业接受定做产品订货，以利用其对价格的不敏感并建立转换成本。与前述一样，专门化的代价是产品销售量的限制。④地理区域专门化。有些行业在行业范围内占不到显著的市场份额或不能实现全国性的规模经济，但在某一地区范围内可能得到重要的经济性。其方法是集中设备、市场营销注意力和销售活动，如选择更有效率的广告、使用唯一的经销商等获得经济性。如在食品行业，区域覆盖战略绩效非常好，尽管存在一些大型全国性企业，但食品行业仍具有分散行业的特点。

（3）注重战略运用。分散行业可以为企业的选择带来战略机会，也可以给企业带来失误。在战略的使用过程中，企业应该注意以下几点。①避免全面出击。在分散行业中，企业要面对所有的顾客，生产经营各种产品和提供各种服务是困难的，很难获得成功，反而会削弱企业的竞争力。因此，分散性行业的企业应避免全面出击让自己陷入困境。②避免随机性。企业在战略实施过程中，不要总在调整以往的资源配置。在短期内，频繁地调整可能会产生效果，但在长期的发展中，战略执行过于随机，会破坏自身的资源，削弱自身的竞争力。因此，分散行业的战略应坚持相对稳定性。③避免过于分权化。在分散的行业中，企业竞争的关键是在生产经营上对需求的变化做出反应。因此，在组织结构上，企业应当做出适当的选择。集权性组织结构对市场反映较差，经营单位的管理人员主动性小，难以适应分散的行业竞争。④避免对新产品做出过度的反应。在分散行业中，新产品会不断出现。但是由于分散行业需求的多样性与缺乏规模经济，企业对新产品做出的大量投资在该产品的成熟期并不容易收回或很难获得较高收益。企业如果不考虑自身的实力，做出过度的反应，结果是削弱自身的竞争力。因此，企业应量力而行，防止由于过度进行新产品的追求而陷入经营困境。

四、衰退行业的竞争战略

衰退行业是指在相当长的一段时间里，行业中产品的销售量持续下降的行业。当行业进入衰退期后，销售收入和利润都会大幅减少，大部分企业都退出了市场，只剩下几家大企业和少数拾遗补阙者。由于市场上仍然具有一定的需求，再加上退出障碍等原因，行业内的剩余企业对是否退出行业摇摆不定。而由于市场规模已经大幅度缩小，为争取剩余的市场份额，会出现价格竞争甚至长期亏本销售的惨烈局面，留存企业为生存下去必然采取各种竞争战略来拼命挣扎。

1. 衰退行业的行业特征

在产品生命周期中，衰退阶段特征是市场销售量降低、产品种类减少、研发和广告费用降低及竞争者减少。具体地说，衰退行业的行业特征主要有以下几个方面。

（1）行业衰退的原因多种多样。衰退行业往往不是由于经营周期或者一些短期例外事件造成的，而主要是由于技术革新创造了替代产品或显著的成本与质量的变化而产生了替代产品；或者由于社会或其他原因改变了买主的需求和偏好，使得顾客对某种产品的需求下降，行业利润下滑。

（2）衰退的方式和速度不确定。企业对未来需求继续衰退的估计，存在不确定性。如果企业认为需求有可能回升，将会继续保持其市场地位，在该行业中继续经营。如果企业确信该行业需求将继续衰退，则要转移其生产能力，有步骤地退出该经营领域。有时，由于衰退缓慢，又被某些短期因素所干扰，企业更难以估计未来的衰退状况。

（3）充分挖掘行业中成长的细分市场。停滞或衰退的市场和其他的市场一样，也包括众多的细分市场或小的市场点。虽然整个行业处于停滞或衰退的状态，但是其中的一个或多个细分市场会快速增长。敏锐的竞争企业往往能够首先集中于有吸引力的成长细分市场上，从而能够避免出现销售和利润陷入停滞状态，同时还可能在目标市场上获得竞争优势。

（4）退出行业存在壁垒。衰退行业的恶性竞争使许多企业处于低利润率甚至负利润率的状态，但由于存在各种困难，这些企业并不从这个行业中退出。同时，在考虑退出时，企业要妥善处理与退出障碍有关的事宜。因此，衰退行业也存在退出障碍，会迫使经营不佳的企业继续留在行业中从事生产经营活动，使全行业低利润率或负利润率的状态持续下去。

2. 衰退行业的发展障碍

行业衰退是产业从兴盛走向不景气进而走向衰败的过程。产业衰退是客观的必然，是产业发展过程和产业兴衰的最后一个阶段。产业衰退就是创新能力不足或衰退，它导致了该产业竞争力的下降。产业衰退也是生产要素的退出过程，在理论上，产业衰退与要素退出是紧密相连的，但在实际中产业衰退并不意味着要素退出，衰退与退出之间的关系中还有许多因素在起作用。而在衰退行业维持发展的过程中，却往往存在着许多发展障碍，主要有以下几个方面。

（1）产品需求增长率下降，市场需求变化具有不确定性。衰退行业生产的产品一般是传统产品，产品需求增长率下降较快，其产业所提供的产值在 GDP 中的比重呈下降或者加速下降的趋势，因而新进入企业不断减少，原有企业不断退出。企业无法确定其发展趋势，而且不同企业对需求的变化认识也不相同。企业在行业中的位置和它的退出壁垒影响它对行业需求下降可能性的认识。有些企业预计市场需求将回升或平稳而继续坚持，在销售量下降的情况下努力保持现有地位。如果大部分企业都确信市场需求肯定继续下降，企业从行业撤出的速度将加快。

（2）行业竞争更加激烈，行业利润低甚至亏损。衰退行业的需求状况使竞争更加激烈，集中体现为价格战。全行业效益很低甚至全行业亏损。由于生产能力严重过剩，企业之间竞争激烈。企业为了生存下去，不惜采取低价竞争手段，致使相当一部分企业在停产、半停产的同时，产品有销路、能够维持正常生产的企业也因产品价格低而处在收益率很低的境地，这使全行业长期处在微利甚至亏损状况。

（3）资金投入减少，优秀人才流失。低收益率使这些行业难以吸收新的投资，大量的人才流失，使得衰退行业的发展更加雪上加霜。在这种情况下，衰退行业要进行结构调整，需要大量的投资，而事实上却很少有企业愿意再进行资金投入。

3. 衰退行业的战略选择

针对衰退行业一般的战略思想是：不要在增长缓慢或负增长、不利的市场投资，而应从中抽取现金。实际上此阶段行业环境使企业的战略选择较复杂，不同行业、不同企业有不同的竞争战略。因此，在行业衰退期，要迅速认清行业的衰退状况，然后根据企业自身的内部条件，选择最有力的竞争战略，获取尽可能多的利益，避免对企业的今后发展带来不利的影响。需要注意的是，在衰退期，企业要尽早确定自身的战略选择并实施，迟疑不决的最终结果只能是被迫放弃，会造成更大的损失。在行业衰退阶段，可供企业选择的战略主要有以下几个方面。

（1）领导地位战略。领导地位战略的目标在于利用衰退中行业的结构。在这些结构中留存下来的某家或某些企业拥有高于平均水平的获利能力。企业的目的是成为留存在行业内的唯一一家企业或几家企业之一。一旦获得这种地位，企业将根据随后的行业销售模式转向保持地位或控制性收获战略。采用这种战略的根本前提是比起采用其他战略来获取领导地位，采用这种战略能使企业处于更优越的位置来保持地位或取得收获。

（2）合理定位战略。这种战略的目标是要识别衰退中行业内的某个市场面，这种市场面不仅足以保持稳定的需求或延缓衰败，而且具有获得高收益的结构特点。然后，企业为在这种市场面内建立其地位而进行投资。最终，企业有可能转向收获战略，或转向放弃战略。

（3）及时收割战略。即实施有控制的撤出投资，从优势中获利。采用及时收割战略，企业会力图优化业务现金流，取消或大幅度削减新的投资，减少设备投资，在后续销售中从业务拥有的任何残留优势上谋取利益，以提高价格或从过去的商誉中获利。及时收割战略的前提是过去存在企业能赖以生存的真正优势，同时衰退阶段的行业环境不至于恶化为战争，如果不具备任何优势，提高价格、降低质量、减少广告将使销售下降。

（4）迅速放弃战略。这种战略是基于这样一个前提，即企业在衰退的初期早就把其营业单位卖掉，则还能够最大限度地获得净投资额的回收，而不是实行收获战略而到后期才出售营业单位或其他战略。尽早地出售营业单位通常能最大限度地提高企业从出售营业单位中实现的价值，因为营业单位出售得越早，需求是否将下降这一不确定性也就加大，于是像其他国外资产市场得不到满足的可能性也会越大。企业何时放弃其经营单位，取决于企业对未来需求的估计。

第三节　不同竞争地位的竞争战略

竞争地位是指企业在目标市场中所占据的位置，它是企业规划竞争战略的重要依据。企业的竞争地位不同，其竞争战略也不同。处在行业里的每一个企业都具有一定的地位，根据企业在行业里的竞争力和影响力的不同，可以把企业所处的竞争地位分类为行业领导者、行业挑战者、行业追随者和行业补缺者四类。处在不同市场竞争地位的企业，应采取不同的市场竞争者策略。

一、行业领导者的竞争战略

所谓行业领导者是指在相关产品的市场上市场占有率最高的企业。作为行业领导者、行业的标准，有着先天的优势，行业领导者对所在行业有领航的作用。一般来说，大多数行业都有一家企业被公认为行业领导者，它在价格调整、新产品开发、配销覆盖和促销力量方面处于主导地位。它是市场竞争的导向者，也是竞争者挑战、效仿或回避的对象。行业领导者已取得市场地位与竞争优势，但仍然面临众多竞争对手的挑战。因此行业领导者要依据环境状况进一步采取合适的竞争战略，防止竞争对手的攻击，继续采取一系列进攻性和防御性战略措施加大市场份额，巩固已有地位。

竞争地位并不是一成不变的，今日的行业领导者不一定是明天的，因此，行业领导者应竭力维护自己的领导地位，其他竞争者则拼命往前赶，努力改变自己的地位。正是这种激烈的市场竞争，促使企业争创竞争优势，占据市场有利位置，从而推动行业和社会的发展。一般来说，行业领导者为了维护自己的优势，保持自己的领导地位，通常可采取三种策略：一是设法扩大整个市场需求；二是采取有效的防守措施和攻击战术，保护现有的市场占有率；三是在市场规模保持不变的情况下，进一步提高市场占有率。

1. 扩大市场需求量

一般来说，当一种产品的市场需求总量扩大时，受益最大的是处于行业领导地位的企业。行业领导者应努力从开发产品的新用户、寻找产品的新用途和增加顾客使用量三个方面扩大市场需求量。

（1）开发产品的新用户。每一种产品都有吸引顾客、增加用户数量的潜力，因为有些顾客要么不知道这种产品，要么因为其价格不合适或缺乏某些特点等而不想购买这种产品。这样，企业可以从三个方面发掘新的使用者：一是转变未使用者。即说服那些尚未使用本行业产品的人开始使用，把潜在顾客转变为现实顾客；二是进入新的细分市场，即该细分市场的顾客使用本行业的产品，但是不使用其他细分市场的同类产品和品牌；三是地理扩展，指寻找尚未使用本产品的地区，开发新的地理市场。

（2）寻找产品的新用途。企业也可通过发现并推广产品的新用途扩大市场。每项新用途都使产品开始了一个新的生命周期。这一切都归功于该企业为发现新用途而不断进行的研究和开发计划。同样，顾客也是发现产品新用途的重要来源，企业必须要留心注意顾客使用本企业产品的情况。

（3）增加顾客使用量。促使使用者增加用量也是扩大需求的一种重要手段。主要有三个方面的途径：一是设法使顾客更频繁地使用产品；二是提倡顾客增加使用量；三是增加使用场所。

2. 保护市场占有率

处于行业领导地位的企业，在努力扩大整个市场规模时，必须注意保护自己现有的业务，防备竞争者的攻击。因此，行业领导者不应满足于现状，必须在产品创新、提高服务水平和降低成本等方面，真正处于该行业的领先地位，应该在不断提高服务质量的同时，抓住对方的弱点。

防御战略的目标是，减少受攻击的可能性，使攻击转移到危害较小的地方，并削弱其攻势。虽然任何攻击都可能造成利润上的损失，但防御者的措施如何选择、反应速度快慢，会导致后果大不一样。有六种防御战略可供市场主导者选择。

（1）阵地防御。阵地防御指围绕企业目前的主要产品和业务建立牢固的防线，根据竞争者在产品、渠道和促销方面可能采取的进攻战略，制定自己的预防性营销战略，并在竞争者发起进攻时坚守原有的产品和业务。

（2）侧翼防御。侧翼防御是指行业领导者除保卫自己的阵地外，还应建立某些辅助性的基地作为防御阵地，或必要时作为反攻基地。特别要注意保卫自己较弱的侧翼，防止对手乘虚而入。

（3）先发防御。这种防御战略是在竞争者对自己发动进攻之前，先发制人，抢先攻击。具体做法是，当竞争者的市场占有率达到某一危险的高度时，就对它发动攻击；或者是对市场上的所有竞争者全面攻击，使得对手人人自危。有时，这种以攻为守是着重心理作用，并不一定付诸行动。如行业领导者可发出市场信号，迫使竞争者取消攻击。

（4）反攻防御。反攻防御指在竞争对手表示构成严重威胁或在对本企业采取进攻行动前抢先发起攻击以削弱或挫败竞争对手。这是一种先发制人的防御，企业应正确判断何时发起进攻效果最佳，以免贻误战机。有的企业在竞争对手的市场份额接近某一水平而危及自己市场地位时发起进攻，有的企业在竞争对手推出新产品或重大促销活动前发动进攻，如推出自己的新产品、宣布新产品开发计划或开展大张旗鼓的促销活动，压倒竞争者。当行业领导者遭到对手降价或促销，或改进产品、市场渗透等进攻时，不能只是被动应战，应主动反攻。

（5）运动防御。运动防御要求领导者不但要积极防守现有阵地，还要防守可作为未来防御和进攻中心的新阵地，它可以使企业在战略上有较多的回旋余地。市场扩展可通过两种方式实现：一是市场扩大化，这是企业将其注意力从目前的产品转移到有关该产品的基本需要上，并全面研究与开发和该项需要有关的科学技术；二是市场多角化，这是向彼此不相关联的其他行业扩展，实行多角化经营。

（6）收缩防御。收缩防御是指放弃某些薄弱的市场，把力量集中用于优势的市场阵地中。当企业无法坚守所有的市场领域，并且由于力量过于分散而降低资源效益的时候，可采取这种战略。

3. 提高市场占有率

行业领导者也可以通过进一步增加它们的市场份额实现销售的增长。但市场份额的扩大是否有利于利润的增加，则取决于企业为扩大市场份额而具体采取的战略。采用此策略要特别注意以下问题：一是只有企业在促销费用开支上的增长快于市场规模的增加，市场占有率才会得到较快增长；二是在一定的市场占有率水平上，市场迅速扩张行动会使产品成本超过可能得到的利润，使得企业盈利受损，带来规模不经济现象；三是企业产品的大幅度降价并不能使企业获得市场占有率的显著增长；四是只有在相对质量方面占优势的企业才能使市场占有率真正提高。因此，行业领导者应该着重从以下几个方面提高市场占有率。

（1）实行总成本领先。由于行业领导者享有规模经济的优势，规模成本的下降使价格也能相应下降，使更多的顾客愿意购买其产品，这样市场占有率就会提高，但其利润却不受影响。

（2）提高产品质量。通过优质优价获得更多的利润，因为产品质量的提高可以减少废品损失、售后服务等开支，但不会增加太多的成本费用，而优质产品能够更好地满足顾客的需要。

（3）增加新产品。研制新产品是提高市场占有率的重要手段。根据有关调查资料，新产品在销售额中所占的比例比竞争对手的比例增加时，企业市场占有率就会增加。无论是对已经形成的或者开始形成的产品市场，增加新产品都是广泛使用的战略。

（4）增加开拓市场费用。开拓市场费用包括推销员费用、广告费用、促销费用。

消费品和工业企业促进销售费用的扩大是扩大市场占有率的关键。但在经营原材料的企业，促进销售费用的作用就不太明显。广告费用可为消费品企业扩大市场占有率做出很大的贡献。在生产资料和原材料的工业企业，广告费用在市场费用中所占比例不大，只是竞争的一种手段而已。促进销售活动的方法多种多样。

二、行业挑战者的竞争战略

行业挑战者是指在市场上紧追行业领导者的企业，一般也是具有强大竞争实力的企业，它在行业经营中也有很大的力量，往往是名列前茅的企业。行业挑战者在制定企业发展战略的时候，要分析行业真正的领导者，对行业的领导者要研究，研究行业领导者的企业文化、市场渠道、广告投放、资金的运用、产品的开发、核心的战略、产品的定价、产品的受众目标、产品的包装、市场营销等，这些都是针对行业领导者的核心品牌价值，分析出自己的企业应该做好什么，放弃什么。

行业领导者往往在行业内很强势，让竞争者觉得高不可攀，其实这只是表面现象，强势的行业领导者，因为是市场的标准，会端架子，这个架子不是空架子，而是行业的最高标准。行业的最高领导者为了维护市场的地位，永远处于被研究攻击的对象，也就是有很多值得攻击的地方。而行业挑战者可以对其市场策略、定价策略和服务进行强烈的攻击，对一个行业挑战者来说，这种方式是非常有效的，因为行业挑战者如果自身实力不是很强，行业领导者不会全力以赴地对行业挑战者进行攻击。

1. 确认战略目标和竞争对手

行业挑战者首先必须确定其战略目标。大多数行业挑战者的战略目标是增加自己的市场占有率，并且认为增加市场占有率将会获得更大的利益。目标不管是要击垮竞争者还是降低竞争者的市场占有率，都应该考虑谁是竞争者，因此，选择竞争者与选择目标是相互关联的。如果攻击的对象是行业领导者，则其目标可能是夺取某些市场占有率。若攻击的对象是地方性的小企业，则其目标可能是将此地一些小企业逐出市场。不论是在何种情况下，最重要的原则依然是：每一项战略行动都必须指向一个明确规定的、决定性的以及可以达到的目标。一般情况下，一个竞争者可在下列三种类型的企业中选择一种进行攻击。

（1）攻击行业领导者。如果行业领导者的地位不是特别稳固且无法为市场服务时，这种策略就更具有意义。这是一种具有高风险但是又具有潜在高报酬的策略。行业挑战者应该了解消费者的需要或者是不满之处，如果有一种实质的需要尚未被满足或者未能获得完全满足，则挑战者有了一个战略性的目标市场。

（2）攻击实力相当的竞争对手。主要对象是那些与自己规模相当但经营不良且财务状况不佳的企业。攻击者必须时时刻刻地调查消费者的满意程度，以及潜在的创新的机会。假如其他企业资源有限，那么即使采取正面的攻击亦能奏效。

（3）攻击区域性小型企业。主要对象是地方性或者区域性的营运与财务状况均不佳的企业。很多大企业有今日的规模，并非靠彼此争夺顾客而来，主要是靠着争取一些"小企业"或者"小公司"的顾客而日渐壮大。

2. 选择适当的挑战战略

确定了战略目标和进攻对象之后，挑战者还需要考虑采取怎样的进攻战略。选择挑战战略时应把优势兵力集中在关键的时刻和地点以达到决定性的目的。行业挑战者有五种战略可供选择。

（1）正面进攻战略。正面进攻就是集中全力向对手主要市场阵地发动进攻，即进攻对手的强项而不是弱点的进攻战略。这种企业策略是选择竞争对手最强的部分而非弱点加以攻击。正面进攻的胜负结果视谁有较强的实力而定，在一个纯粹的正面进攻中，进攻者可对其竞争者的产品、广告与价格等方面进攻。正面进攻的另一种措施是投入大量研究与开发经费，使产品成本降低，从而以降低价格的手段向对手发动进攻，这是持续实行正面进攻战略最可靠的措施之一。另一种价格挑战的策略是进攻者通过巨额投入以实现更低的生产成本，然后以此向对手发起价格攻击。

（2）侧翼进攻战略。侧翼进攻战略是寻找和攻击对手的弱点战略。一个受攻击者往往是最强大的，但是它必然也会有弱点，它的弱点自然就会成为竞争对手的目标。寻找对手弱点的主要方法是分析对手在各类产品和各个细分市场上的实力和绩效，把对手实力薄弱、绩效不佳或尚未覆盖而又有潜力的产品和市场作为攻击点和突破口。采用侧翼进攻战略可以从两种策略角度攻击竞争者：一是分析地理市场，即选择对手忽略或绩效较差的产品和区域攻击；二是选择对手尚未重视或尚未覆盖的细分市场作为攻占的目标。后者是一种更具有潜在威力的侧翼攻击，可以通过分析其余各类细分市场，按照收入水平、年龄、性别、购买动机、产品用途和使用率等因素辨认细分市场并认真研究。从这一意义上说，侧翼进攻战略是辨认市场区划细分的基础以及使目标市场转换的另一个名称，它是指及时发现本行业尚未提供服务的市场区划的空隙，并积极地弥补此空隙，把它作为本企业的目标市场。侧翼进攻战略可以引导各企业对整个行业市场中各种不同的需求提供更为完整的服务，以避免两个或者两个以上的企业在同一市场区划中激烈地竞争。

（3）包围进攻战略。包围进攻战略是对对手的各个方面发动进攻，迫使对手必须同时防御其前后左右的战线，这是一种全方位、大规模的进攻战略。采取包围进攻战略的进攻者可能提供对手所提供的每一种产品，并且比对手提供得更多、更好，以使其提供的产品不会遭到拒绝。这种策略的适用条件有两个方面：一是通过市场细分未能发现对手忽视的地方，或尚未覆盖的细分行业补缺空档不存在，无法采用侧翼进攻战略；二是与对手相比拥有绝对的资源优势，制定了周密可行的作战方案，相信全方位进攻能够摧毁对手的防线和抵抗意志。

（4）迂回进攻战略。迂回进攻战略是避开对手的现有业务领域和市场，进攻对手尚未涉足的业务领域和市场，以壮大自己的实力的策略。这是最间接的进攻战略，它避开了对手的现有阵地而迂回进攻。具体办法有三种：一是发展无关的产品，实行产品多元化经营；二是以现有产品进入新市场，实现市场多元化；三是通过技术创新和产品开发，替换现有产品。在高科技行业中，技术跃入者经常采用进攻迂回战略。这种战略并不去模仿竞争者的产品或者做浪费钱的正面进攻，而是耐心地研究发展更新的技术。一旦企业通过该项新技术取得优势地位，便可以展开进攻，也可以将战场转移至自己占有优势地位的市场，从而获得实质的利益。

（5）游击进攻战略。游击进攻战略主要适用于规模较小、力量较弱的企业，目的在于通过向对方不同地区发动小规模的、间断性的攻击来骚扰对方，使之疲于奔命，最终巩固永久性据点。游击进攻战略可采取多种方法，包括有选择的降价、强烈的突袭式的促销行动等。应予以指出的是，尽管游击进攻战略可能比正面围堵进攻战略或侧翼进攻战略节省开支，但如果想要打倒对手，光靠游击进攻战略不可能达到目的，还需要发动更强大的攻势。

3. 采取特殊的营销策略

行业挑战者在战略进攻中，必须把几个特定的策略组成一个总体战略，应用于市场营销活动中。下面列举适用于进攻的几种特定的营销策略。

（1）产品策略。主要有以下几个方面的策略可供选择：一是廉价品策略，即提供中等或者质量稍低但是价格低得多的产品；二是名牌产品策略，即努力创造一种名优产品，虽然价格也很高，却更有可能把行业领导者的同类产品和市场份额挤掉一部分；三是产品扩张策略，即挑战者紧步行业领导者者之后尘，创制出许多不同种类的新产品，此即产品创新策略的变相形式；四是产品创新策略，主要是向深度发展的产品策略，即企业在新产品方面不断创新，精益求精。

（2）价格策略。主要有以下几个方面的策略：一是价格折扣策略，即挑战者可以用较低的价格提供与行业领导者者品质相当的产品；二是降低制造成本的策略，这是一种结合定价策略、成本管理以及技术研究等因素的产品发展策略。

（3）分销渠道策略。可以通过发现或发展一个新的分销渠道，也可以通过给予经销商更多的利益或自主权调动其销售积极性，也可以找到一些新的或者更好的服务方法来为顾客服务，最终不断增加市场份额。

（4）促销策略。主要通过密集广告促销的策略进行。有些挑战者可以依靠它们的广告和促销手段，向行业领导者发动进攻，当然这一策略的成功必须基于挑战者的产品或者广告信息有着某些能够胜过竞争对手的优越之处。

三、行业追随者的竞争战略

行业追随者是指安于次要地位，不热衷于挑战的企业。在大多数情况下，企业更愿意采用行业追随者战略。行业追随者的主要特征是安于次要地位，在"和平共处"的状态下求得尽可能多的收益。在资本密集的同质性产品的行业中，如钢铁、原油和化工行业，行业追随者战略是大多数企业的选择。这主要是由行业和产品的特点决定的。行业追随者虽然占有的市场份额比行业领先者低，但它们可能赚钱，甚至赚更多的钱。它们成功的关键在主动地细分和集中市场、有效地研究和开发，着重于盈利而不着重市场份额以及有强大的管理组织。

各企业保持相对平衡的状态，不采用从对方的目标市场中拉走顾客的做法。在行业中形成这样一种格局，大多数企业跟随行业领先者走，各自的势力范围互不干扰。一个行业追随者必须知道如何保持现有的、争取有新顾客参加的、令人满意的市场份额。每一个行为追随者要努力给它的目标市场带来有特色的优势。行业追随者是行业挑战者攻击的主要目标，因此，行业追随者必须保持它的低制造成本和高产品质量或服务。行业追随者必须确定一条不会引起竞争性报复的成长路线。行业追随者战略可以分为三类：紧密跟追随者战略、距离追随者战略、有选择追随者战略。

1. 紧密追随战略

行业追随者在尽可能多的细分市场和营销组合领域中模仿行业领先者。行业追随者往往以一个行业挑战者的面貌出现，但是如果它并不激进地妨碍行业领先者，直接冲突不会发生。有些追随者甚至可能被说成是寄生者，它们在刺激市场方面很少有动作，它们只希望靠行业领先者的投资生活。

2. 距离追随战略

行业追随者保持某些距离，但又在主要市场和产品创新、一般价格水平、分销上追随行业领先者。行业领先者十分欢迎这种追随者，因为行业领先者发现它们对它的市场计划很少干预，而且乐意让它们占有一些市场份额，以便使自己免遭独占市场的指责。保持距离的行业追随者可能获取同行业的小企业而得到成长。

3. 有选择追随战略

这类企业在有些方面紧跟行业领先者，但有时又走自己的路。这类企业可能具有完全的创新性，但它们又避免直接的竞争，并在有明显好处时追随行业领先者的许多战略。这类企业常能成长为未来的挑战者。

四、行业补缺者的竞争战略

行业补缺者是指选择某一特定较小之区隔市场为目标，提供专业化的服务，并以此为经营战略的企业。在市场经济发展中，人们非常关注成功的企业，往往忽略每个行业中存在的小企业，但正是这些不起眼的星星之火，在大企业的夹缝中求得生存和发展后，成为燎原之势，这些小企业就是所谓的行业补缺者。由于这些中小企业集中力量来致力于市场中被大企业忽略的某些细分市场，在这些小市场上专业化经营，因而获取了最大限度的收益。这些可以为中小企业带来利润的有利市场位置被称为"利基"，因而行业补缺者又被称为行业利基者。

有利的行业补缺不仅对于小企业有意义，而且对某些大企业中的较小业务部门也有意义，它们也常设法寻找一个或多个既安全又有利的补缺。一般来说，行业补缺者的竞争战略应着重考虑以下几个方面。

1. 寻找理想的补缺基点

为了更好地确立企业的竞争优势，行业补缺者应首先找到合适的补缺基点。一般来说，一个理想的补缺基点具有以下几个特征。

（1）理想的补缺基点应该有足够的市场潜力和购买力。这种市场应该拥有众多的人口，他们具有很强的需求欲望，有为满足这种需求的极强的购买能力，三者缺一不可。只有三者结合起来才能决定市场的规模和容量，才能组成有潜力的大市场。如果人口众多，但收入很低，则购买力有限；虽然购买力大，但人口少，也不是大市场；有足够潜力和购买力的市场是上述三个因素的统一，如果补缺基点具备了这些条件，剩下的是企业应该生产足以引起人们购买欲望的产品，使其成为理想的补缺基点，使潜在市场转变为现实的市场。

（2）理想的补缺基点应该有利润增长潜力。这个潜力是利润增长的速度要大于销售增长的速度，销售增长的速度大于成本增长的速度。它应该由企业发掘，即企业将潜在的市场需求转变为现实的市场。值得注意的是，必须讲究经济核算，加强管理，改进技术，提高劳动生产率，降低成本，在判断理想的补缺基点是否具有利润增长潜力时，预先考虑利润发生的时间，考虑资金的时间价值，考虑风险问题，克服短期行为。

（3）理想的补缺基点对主要竞争者不具有吸引力。企业应该建立竞争情报系统，从产业、市场两个方面识别自己的竞争者，确定竞争对象；判定竞争者的战略、战术原则与目标；评估竞争者的实力与反应，从而推断出自己选定的补缺基点是否对竞争者具有吸引力，以此预测这个补缺基点对企业的理想程度。

（4）理想的补缺基点应该适合企业自身发展。企业发掘补缺基点时，需要考虑自身的突出特征，周围环境的发展变化及会给企业造成的环境威胁或产生市场机会，企业的资源情况和特有能力、信誉。只有掌握资源，企业才能确定以市场为导向，寻找切实可行、具体明确的理想的补缺基点。

2. 实现专业化发展

行业补缺者发展的关键是实现专业化，主要途径有以下几个方面。

最终用户专业化。企业可以专门为某一类型的最终用户提供服务。

垂直专业化。企业可以专门为处于生产与分销循环周期的某些垂直层次提供服务。

顾客规模专业化。企业可以专门为某一规模的顾客群服务，行业补缺者专门为大企业不重视的小规模顾客群服务。

特殊顾客专业化。企业可以专门向一个或几个大客户销售产品。许多企业只向一家大企业提供其全部产品。

地理市场专业化。企业只在某一地点、地区或范围内经营业务。

产品或产品线专业化。企业只经营某一种产品或某一类产品线。

产品特色专业化。企业专门经营某一种类型的产品或者产品特色。

客户订单专业化。企业专门按客户订单生产特制产品。

质量价格专业化。企业只在市场的底层或上层经营。例如，惠普公司在优质高价的微型电脑市场上经营。

服务专业化。企业向大众提供一种或数种其他企业所没有的服务，如某家庭服务企业专门提供上门疏通管道服务。

销售渠道专业化。企业只为某类销售渠道提供服务。

3. 不断扩大补缺市场

企业不断开发适合特殊消费者的产品，这样就开辟了无数的补缺市场。每当开辟出这样的特殊市场后，针对产品生命周期阶段的特点扩大产品组合，以扩大市场占有率，达到扩大补缺市场的目的。最后，如果有新的竞争者参与，应保住自己在该市场的领先地位，保护补缺市场。作为行业补缺者选择行业补缺基点时，多重补缺基点比单一补缺基点更能增加保险系数，分散风险。因此，企业通常选择多个补缺基点，以确保企业的持续发展。

参考文献

[1] 阿姆斯特朗. 战略化人力资源基础 [M]. 张晓萍,等译. 北京：华夏出版社, 2004.

[2] 蔡树堂. 企业战略管理 [M]. 北京：石油工业出版社, 2001.

[3] 曾建权. 人力资源管理理论与实务 [M]. 广州：中山大学出版社, 2004.

[4] 程瑶. 企业战略管理原理 [M]. 中国原子能出版社, 2019.

[5] 丁宁. 企业战略管理 [M]. 北京：清华大学出版社, 2009.

[6] 段超. 新生代商业模式下的企业战略管理 [M]. 长春：吉林大学出版社, 2018.

[7] 龚勋. 企业战略管理实训教程 [M]. 武汉：武汉大学出版社, 2016.

[8] 郭洪林. 企业人力资源管理 [M]. 北京：清华大学出版社, 2005.

[9] 黄炜. 企业战略管理精要 [M]. 上海：上海财经大学出版社, 2019.

[10] 蓝海林. 企业战略管理 [M]. 北京：科学出版社, 2015.

[11] 雷云云. 企业战略管理的当代发展与变革 [M]. 北京：中国商务出版社, 2016.

[12] 李修伟. 企业战略管理视角下的人力资源管理探究 [M]. 吉林人民出版社, 2021.

[13] 李艺,陈文冬,徐星星. 企业战略管理 [M]. 成都：电子科技大学出版社, 2020.

[14] 刘辉. 企业战略管理理论与实务 [M]. 北京：北京理工大学出版社, 2016.

[15] 陆奇岸. 企业战略管理高级教程 [M]. 西安：西北工业大学出版社, 2021.

[16] 马鸣萧. 创业者与创业企业战略管理 [M]. 西安：西安电子科技大学出版社, 2017.

[17] 孙焱林. 企业战略管理 [M]. 武汉：华中科学技术大学出版社, 2020.

[18] 谭白英,熊莎莎. 企业战略管理 [M]. 武汉：武汉大学出版社, 2014.

[19] 谭亮. 基于企业核心竞争力理论视角的企业战略管理研究 [M]. 成都：四川大学出版社, 2018.

[20] 王方华. 企业战略管理 [M]. 上海：复旦大学出版社, 2015

[21] 王景利,黄臻. 企业战略管理 [M]. 北京：国家行政学院出版社, 2018.

[22] 王玉. 企业战略管理教程 [M]. 上海：上海财经大学出版社, 2005.

[23] 王喆. 新经济环境下现代企业战略管理研究 [M]. 北京：中国商业出版社,

2018.

[24] 魏杰.企业战略选择[M].北京:中国发展出版社,2002.

[25] 文理等.企业战略管理[M].合肥:中国科学技术大学出版社,2019.

[26] 沃克.人力资源战略[M],吴雯芳,译.北京:中国人民大学出版社,2001.

[27] 吴丹.企业战略管理[M].南京:河海大学出版社,2017.

[28] 肖智润.企业信用管理与战略[M].上海:上海财经大学出版社,2019.

[29] 萧鸣政.人力资源开发与管理:在公共组织中的应用[M].北京:北京大学出版社,2005.

[30] 徐雯.企业战略变革管理 实现卓越绩效的途径[M].沈阳:东北大学出版社,2018.

[31] 杨浩,宋联可.企业文化力机制研究 基于战略人力资源管理视角[M].上海:上海财经大学出版社,2013.

[32] 姚莉.企业战略管理[M].武汉:武汉大学出版社,2010.

[33] 姚裕群.人力资源管理[M].北京:中国人民大学出版社,2004.

[34] 叶剑鸣,吴肜泰,郑明才.企业战略管理[M].长沙:湖南师范大学出版社,2018.

[35] 张爽.企业战略管理[M].延吉:延边大学出版社,2018.

[36] 张文松,郝宏兰.互联网时代的企业战略管理[M].北京:中央广播电视大学出版社,2016.

[37] 赵丽芬,张淑君.企业战略管理[M].北京:中国人民大学出版社,2011.

[38] 赵曙明.人力资源战略与规划[M].北京:中国人民大学出版社,2002.

[39] 赵友生,樊秀男.企业战略管理[M].北京:经济科学出版社,2009.

[40] 郑俊生.企业战略管理 第2版[M].北京:北京理工大学出版社,2020.

[41] 周艳丽,谢启,丁功慈.企业管理与人力资源战略研究[M].长春:吉林人民出版社,2019.